Appelez à l'Existence

APPELEZ À L'EXISTENCE

Prières et Déclarations Prophétiques pour transformer votre vie

BOLA OLIVIA OGEDENGBE

Copyright © 2019 Bola Olivia Ogedengbe

Tous droits de reproduction réservés.

Cette publication ne peut faire l'objet, en tout ou en partie, d'aucune forme de reproduction, d'archivage ou de transmission, quels que soient les moyens utilisés (électroniques, mécaniques, par photocopie, par enregistrement ou autres), sans l'accord préalable des éditeurs. ISBN 9791095039105

Toutes les écritures citées, sauf indication contraire, sont issues de la Bible Second 21.

Imprimé au Royaume-Uni

Dépôt légal Janvier 2019 (numéro de déclaration 14835*01)

Dédicace

*À ma mère Alice Abike Ogedengbe,
une femme de destinée*

Table des matières

Dédicace v

Préface ix

Introduction xi

1. Je consacre ma vie à Dieu 1
2. J'ai la pensée de Christ 9
3. Je vais progresser dans la connaissance de Dieu 15
4. Je vis dans la puissance de Dieu 21
5. J'accepte les choix de Dieu 27
6. Je vais entendre la voix de Dieu 33
7. Je vais marcher dans l'amour 39
8. J'accepte un nouveau départ 47
9. Je vis sous l'autorité de Dieu et j'exerce mon autorité sur le diable 53
10. Je suis libéré du rejet 61
11. Je vis dans la paix et l'abondance financière 69
12. Je suis guéri de la déception 75

13. Je suis guéri et en bonne santé 81
14. Je vais accomplir ma destinée 87
15. Je vais accomplir ma destinée (2) 93
16. Je suis libéré de la résignation 101
17. Je vis dans la victoire 109
18. Je vis dans la sainteté et la droiture 115
19. Je préserve ma langue du mal 121
20. Je reçois une huile de joie 127
21. Je suis ouvrier de la moisson 133
22. Mes yeux spirituels sont ouverts 139
23. Je reçois la révélation de la Parole de Dieu 145
24. Je suis libre de l'inquiétude 153
25. Je suis béni dans mon Église 159
26. Je suis une bénédiction pour mon Église 165
27. Je suis une lettre de Christ 171
28. Je suis toujours reconnaissant envers Dieu 179
29. Ma vie de prière est puissante 187
30. Ma vie de prière est puissante (2) 193

Épilogue 199

Biographie 201

Préface

Lorsque je me suis convertie, je n'avais pas l'intention d'aller régulièrement au culte. Mais Dieu avait une autre idée et je me suis retrouvée à y assister tous les dimanches et inscrite dans un cours pour nouveaux convertis. J'ai découvert une autre mentalité, une autre façon de concevoir l'existence humaine et cela m'a captivée. Mais ce n'était pas sans résistance. En plein milieu d'une prédication que j'appréciais, j'avais une pensée : «Attention au lavage de cerveau», et je me retirais intérieurement, car je ne voulais pas cela.

J'avais besoin d'un renouvellement de l'intelligence afin de penser comme Dieu et d'aimer ce que Dieu aime. Dieu a eu pitié de moi et m'a permis de comprendre que je pouvais faire confiance à Sa Parole. J'en suis venue à voir Sa Parole non pas comme la contamination à éviter, mais comme ce qui me permet de nettoyer la contamination subie dans le monde.

La quête principale du chrétien devrait être d'accéder à la pensée de Dieu, de penser comme Dieu et de marcher naturellement dans les voies de Dieu. Réussir sa vie c'est vivre les pensées de Dieu vous concernant en totale harmonie avec Lui. Le but de ce livre est double, un renouvellement de notre intelligence par la prière, la méditation et la déclaration de la Parole de Dieu et la manifestation du fruit de l'intelligence renouvelée, une vie de piété, de victoire, libérée de toute oppression charnelle et démoniaque, une vie qui honore Dieu.

Introduction

Jésus, en répondant à l'interrogation de Ses disciples concernant le figuier qui s'est desséché suite à Ses paroles, nous a donné un éclairage sur le fonctionnement du monde spirituel. De sa réponse nous comprenons deux choses, d'abord, si nous prions avec foi nous aurons une réponse favorable, ensuite nous pouvons nous adresser à des « choses » et elles feront ce que nous dirons.

> *Marc 11.22-23 «Ayez foi en Dieu. Je vous le dis en vérité, si quelqu'un dit à cette montagne: 'Retire-toi de là et jette-toi dans la mer', et s'il ne doute pas dans son cœur mais croit que ce qu'il dit arrive, il le verra s'accomplir.*

Cela peut paraître surprenant, mais en réalité c'est purement logique. Nous sommes faits à l'image de Dieu, Dieu parle et les choses s'accomplissent, Il change des circonstances et des réalités avec Sa Parole. À la création, Il a parlé et les choses sont venues à l'existence. Sa puissance est déclenchée par Sa Parole. Et si les choses répondent à ce que nous disons, cela veut dire que Sa puissance est aussi déclenchée par nos paroles dès lors qu'elles correspondent aux Siennes. Et c'est là où le bât blesse. Souvent, ce ne sont pas Ses paroles que nous disons. L'épître de Jacques attire notre attention sur la puissance de la langue. Écoutons-le.

> *Jacques 3.5-6 (BDS) C'est un petit organe, mais elle se vante de grandes choses. Ne suffit-il pas d'un petit feu pour incendier une vaste forêt ? Ne suffit-il pas d'un petit feu pour incendier une vaste forêt ? La langue aussi est un feu ; c'est tout un monde de mal. Elle est là, parmi les autres organes de notre corps, et contamine notre être entier. Allumée au feu de l'enfer, elle enflamme toute notre existence.*

La langue dirige nos vies et peut sortir du bon comme du mauvais, des malédictions comme des bénédictions. La vraie maturité spirituelle se voit dans notre capacité à utiliser notre langue à bon escient, à dire ce que Dieu dit. Les murmures, les plaintes, les paroles d'incrédulité n'ont pas leur place dans nos vies. Parler comme Dieu peut nous paraître difficile, parce que déjà penser comme Dieu nous semble impossible.

Dieu Lui-même s'adresse à Son peuple dans Ésaïe 55 et les informe du grand fossé qui sépare Sa pensée de la leur, Ses voies des leurs.

> [9] *Le ciel est bien plus haut que la terre. De même, mes voies sont bien au-dessus de vos voies, et mes pensées bien au-dessus de vos pensées.*

Et ainsi de la puissance de Sa Parole qui s'accomplit toujours ; aussi certainement que la pluie qui tombe arrive jusqu'à la terre et ne risque pas de rebrousser chemin, aussi certainement Sa Parole arrivera à destination. Et nous pouvons en rester là. Dieu est Dieu après tout et nous sommes humains et soumis aux aléas de la vie, donc à la tristesse, au découragement, à la peur, il faut faire avec. Heureusement que non, car, sous la Nouvelle Alliance, un changement de taille est intervenu. Dès lors que nous sommes nés de nouveau, nous avons la capacité de penser comme Dieu.

Romains 12 nous invite à un renouvellement de l'intelligence. Et dans la première épître aux Corinthiens, nous découvrons que nous avons la pensée de Christ.

> *1 Corinthiens 2.16 En effet, qui a connu la pensée du Seigneur et pourrait l'instruire ? Or nous, nous avons la pensée de Christ.*

Nous avons la perspective de Jésus sur l'existence humaine, la Personne de Dieu, l'œuvre de la croix et ainsi de suite. Et nous sommes appelés à nous laisser transformer en adoptant Sa pensée sur toute la ligne, et ce, consciemment. Il ne s'agit pas simplement d'accepter des propositions théologiques, mais elles doivent façonner nos attitudes, nos attentes, nos réflexes et nos circonstances. Ce qui permettra non seulement de croire ce qui est juste, mais de le démontrer par sa vie. Or pour beaucoup de chrétiens il n'y a pas correspondance entre l'Évangile de paix, de joie que nous avons reçu et la vie que nous manifestons.

Le docteur Martyn Lloyd-Jones écrit dans son livre sur la dépression spirituelle que l'une des causes de la dépression spirituelle chez les chrétiens, c'est qu'ils s'écoutent au lieu de se parler.

« *De façon générale, la tristesse que vous vivez est due au fait que vous vous écoutez au lieu de vous parler.* »[1]

Il cite l'exemple de David dans le psaume 42.5 qui s'adresse à son âme et l'exhorte à faire confiance au Seigneur. Pour lui, l'essentiel dans cette vie spirituelle, c'est de savoir se gérer soi-même, se questionner, se reprendre et se prêcher à soi-même. En général lorsque les gens s'écoutent, ils n'entendent pas nécessairement ce que Dieu dit les concernant, plutôt ce que disent leurs émotions ou ce que dit le diable. L'intelligence n'est pas renouvelée.

Ce que nous voulons c'est que, dans chaque domaine de nos vies, notre imagination, nos pensées et nos paroles correspondent à celles de Dieu. Et ce que Dieu pense ne nous rend jamais malheureux, c'est tout le contraire. Beaucoup sont affaiblis par des pensées et des attentes négatives en tout genre ; ce qui influe sur la manière de parler et de vivre et limite la manifestation de la bonté de Dieu dans leurs vies. Le résultat c'est que l'on peut prendre des décisions, faire des choix contraires aux désirs de Dieu et vivre, tout en aimant Jésus, bien en deçà de ce que Dieu prévoit pour nous.

Nous avons compris que nos paroles peuvent changer les choses, qu'elles provoquent une réaction dans le monde spirituel et nous allons nous en servir pour aligner nos vies avec la pensée de Dieu. Les agents des ténèbres comprennent bien la puissance de la parole et avec leurs paroles déclenchent une réaction de démons et de forces de ténèbres. C'est ainsi qu'une malédiction peut être lancée et toucher sa cible. Les chrétiens doivent apprendre à déclarer la Parole de Dieu sur eux-mêmes et sur la situation. Ce faisant, ils déclenchent la

---

[1] Dr Martyn, Lloyd-Jones, *Spiritual Depression, Its Causes and Cures*, London, MarshallPickering, 1965, 300 p. (p 20)

puissance de Dieu pour accomplir ce qu'ils déclarent et la montagne se déplacera.

Ce livre souligne des domaines de notre expérience humaine et nous invite à méditer sur quelques passages pour explorer la pensée de Dieu nous concernant. Ensuite, nous pouvons prier sur ces points et les déclarer sur nos vies nous parler à nous même. En le faisant tous les jours, nous développons aisément l'habitude de penser et de parler en phase avec la Parole de Dieu plutôt qu'avec les circonstances présentes. Lorsque la Parole de Dieu invite le faible à dire qu'il est fort, elle montre que le faible qui se dit fort sera fortifié.

1

Je consacre ma vie à Dieu

Versets

1 Pierre 2.9 Vous, au contraire, vous êtes un peuple choisi, des prêtres royaux, une nation sainte, un peuple racheté afin de proclamer les louanges de celui qui vous a appelés des ténèbres à sa merveilleuse lumière.

2 Corinthiens 5.15 Et s'il est mort pour tous, c'était afin que ceux qui vivent ne vivent plus pour eux-mêmes, mais pour celui qui est mort et ressuscité pour eux.

Tite 2.14 Il s'est donné lui-même pour nous afin de nous racheter de toute faute et de se faire un peuple qui lui appartienne, purifié et zélé pour de belles œuvres.

Proverbes 23.26 Mon fils, donne-moi ton cœur et que tes yeux prennent *plaisir à mes voies !*

1 Corinthiens 6.19-20 Vous ne vous appartenez pas à vous-mêmes, car vous avez été rachetés à un grand prix.

Philippiens 3.7-8 Mais ces qualités qui étaient pour moi des gains, je les ai regardées comme une perte à cause de Christ. Et je considère même tout comme une perte à cause du bien suprême qu'est la connaissance de Jésus-Christ mon Seigneur.

Méditation

Une fois, un jeune homme riche voulait suivre Jésus. Jésus lui a fait comprendre qu'il devait tout abandonner pour Le suivre. Il est reparti avec des regrets. Il ne voulait pas tout abandonner. Il ne mesurait pas la valeur de ce qu'il venait de rejeter. Beaucoup de personnes aujourd'hui ont la même réaction, ils trouvent Jésus sympathique, mais de là à Le suivre et devoir abandonner leur style de vie, non merci.

Curieusement, beaucoup de personnes qui se disent « nées de nouveau » ont la même attitude. Ils ne disent pas « non merci » et se retirent, ils disent : « Je t'aime, Seigneur, mais c'est trop dur, laisse-moi vivre ma vie. » C'est peut-être une méconnaissance de l'intention de Dieu pour nous en Jésus. C'est la raison pour laquelle beaucoup acceptent le salut que Jésus donne, mais ne vont pas suffisamment loin pour se donner pleinement à Jésus en retour.

Qu'est-ce que Jésus a fait pour nous ?

Jésus est mort pour nos péchés et Il est ressuscité pour notre justification. Il a ainsi changé pour toujours l'identité et la nature de ceux qui acceptent son sacrifice. Il nous a sauvés et nous a réconciliés avec le Père. Il nous a délivrés du pouvoir de Satan et nous a donné une nouvelle identité.

Quelle est cette nouvelle identité ?
Il y a, dans cette identité, une nature, une fonction et une finalité. Nous recevons une nouvelle nature, la nature de Dieu. Nous sommes maintenant un peuple choisi par Dieu Lui-même. Nous sommes retirés des ténèbres et transférés dans la lumière. Non seulement Il nous a choisis, mais Il nous a séparés des autres pour Lui appartenir. Nous sommes donc à Lui et appelés à Lui ressembler dans notre façon de penser, de parler et de fonctionner ; un changement radical par rapport à avant. C'est important de le comprendre.

Par fonction, Il a fait de nous des sacrificateurs, des personnes équipées pour Le louer et manifester Sa puissance, une nation sainte avec une fonction royale. Nous sommes aussi devenus des soldats de Christ et des ouvriers de la moisson. Chacune de ces fonctions implique un dévouement total à Sa cause. C'est cela la réalité de la Nouvelle Alliance.

Concernant la finalité, selon 2 Corinthiens 5, verset 15, Jésus est mort pour tous afin que ceux qui vivent ne vivent plus pour eux-mêmes, mais pour Jésus, Celui qui est mort et ressuscité pour eux. La rédemption a donc comme finalité de nous amener à nous donner pleinement et entièrement à Jésus et à vivre exclusivement pour Lui.

Pourquoi ? Parce que c'est une transaction par laquelle nous n'appartenons plus à Satan, ni à nous-mêmes, mais à Dieu. Donc, la réalité de la Nouvelle Alliance ce n'est pas uniquement que Jésus nous délivre de l'enfer et du péché, c'est qu'Il nous délivre pour devenir Sa possession. Ce qui voudrait dire que la consécration de soi à Dieu n'est pas le fruit de notre bonté ou grandeur d'âme, c'est Lui rendre Son dû. Cela fait partie de Son objectif.

Quel est cet objectif divin ?

Nous avons vu qu'Il avait comme but de faire en sorte que ceux qui vivent ne vivent plus pour eux-mêmes, mais pour Jésus. Nous découvrons aussi qu'Il voulait Se mettre à part un peuple purifié qui proclamerait Sa louange, un peuple qui Lui appartienne complètement, qui serait zélé pour Ses œuvres et qui prendrait plaisir en Lui.

Lorsque nous décidons d'accepter pleinement cet objectif en toute connaissance de cause, nous pouvons parler de consécration. En réalité, le plan de Dieu est une chose, notre accord avec ce plan en est une autre. Quelques individus avaient compris cela et ont vécu de manière exemplaire.

Deux exemples

C'est le cas de Moïse qui a tout laissé derrière pour répondre à l'appel de Dieu. En dépit de sa grande réticence initiale, que nous verrons plus en détail dans un autre chapitre, il s'est consacré. Ensuite, Il a bravé le danger, mais Il a vécu des miracles stupéfiants et a pu parler avec Dieu comme un homme parle à son ami. Ce qui lui paraissait pénible était devenu le chemin vers sa propre élévation. Il en est de même pour nous.

C'est le cas de Paul, qui, contrairement au jeune homme riche, estimait, lui, qu'il devait tout abandonner pour suivre Jésus. Et il n'a pas regardé en arrière, il considérait tout cela comme « des ordures ». Son seul but, c'était de « gagner Christ », son unique désir c'était de Lui plaire et, sa seule raison de rester sur la Terre, de Le servir. Sinon, il préférait de loin s'en aller pour Le rejoindre. Il pouvait donc rappeler à son fils spirituel Timothée que le chrétien est un soldat qui ne devrait pas s'embarrasser des affaires de la vie, mais avoir une discipline de vie qui lui permet de faire toute la volonté de Dieu. C'est le portrait type de l'homme consacré.

Que nous reste-t-il à faire ?
Nous devons simplement décider de tout Lui donner, de Lui «donner réellement notre cœur, de prendre plaisir à Ses voies», de vivre pour Lui et par Lui seul, d'être zélés pour Son service.

Questions
1. Évaluez le degré de votre consécration.
2. Quels sont, dans votre cas, les freins à la consécration ?

Prière
- Remerciez le Père de vous avoir sauvé en Jésus.
- Remerciez-Le parce que vous avez une nouvelle identité en Dieu.
- Remerciez-Le de vous avoir choisi, de vous avoir fait sortir des ténèbres pour vous faire entrer dans Sa lumière.
- Remerciez-Le parce que vous faites partie d'un peuple de sacrificateurs royaux et saints.
- Prenez quelques instants pour proclamer Sa louange. Dites-Lui combien Il est grand, puissant, merveilleux et extraordinaire. Dites tout l'amour que vous avez pour Lui.
- Renoncez aux désirs charnels et aux voies du monde.

- Donnez-Lui tout votre cœur. Dites-Lui que vous Lui donnez tout ce que vous êtes pour vivre une vie qui Lui est agréable.

- Demandez-Lui de vous changer profondément afin que vous preniez plaisir dans Ses voies toute votre vie.

- Demandez qu'Il vous rende extrêmement zélé pour Lui et pour Ses œuvres.

- Demandez qu'Il vous travaille de telle sorte que la vie en dehors de Lui soit totalement inconcevable pour vous.

- Neutralisez toute puissance occulte qui chercherait à vous attirer loin de Dieu.

- Engagez-vous, à l'instar de Paul, à vivre exclusivement pour Lui et pour Le servir. Demandez que tout plaisir en dehors de Lui disparaisse pour toujours.

Déclarations

Je déclare au nom de Jésus que :

1. Je suis né de Dieu. Par la puissance de Dieu, je suis sauvé.

2. Je suis choisi, racheté pour proclamer les louanges de mon Dieu.

3. Je suis gratuitement justifié, déclaré non coupable.

4. Je suis passé des ténèbres à la lumière et délivré de Satan.

5. Je donne mon cœur tout entier à Dieu. Toute Sa volonté sera pleinement accomplie dans ma vie chaque jour.

6. Je me mets à part pour Lui, mon but c'est de Lui plaire et j'épouse tous Ses projets pour ma génération et pour ma vie.

7. Je vis pour la gloire de Dieu, j'existe pour Son plaisir. Ma seule et unique pensée c'est être et faire ce pour quoi Il m'a sauvé.

8. Je suis un soldat de Christ et mes yeux sont rivés sur les buts de Dieu.

9. Je suis purifié par Christ et zélé pour les œuvres de Dieu.

10. J'appartiens pleinement à Jésus et je prends plaisir en Ses voies.

2

J'ai la pensée de Christ

Versets

1 Corinthiens 2.9-12 *Mais, comme il est écrit, ce que l'œil n'a pas vu, ce que l'oreille n'a pas entendu, ce qui n'est pas monté au cœur de l'homme, Dieu l'a préparé pour ceux qui l'aiment. Or, c'est à nous que Dieu l'a révélé, par son Esprit, car l'Esprit examine tout, même les profondeurs de Dieu. En effet, qui parmi les hommes connaît les pensées de l'homme, si ce n'est l'esprit de l'homme qui est en lui ? De même, personne ne peut connaître les pensées de Dieu, si ce n'est l'Esprit de Dieu. Or nous, nous n'avons pas reçu l'esprit du monde, mais l'Esprit qui vient de Dieu, afin de connaître les bienfaits que Dieu nous a donnés par sa grâce.*

1 Corinthiens 2.14-16 *Mais l'homme naturel n'accepte pas ce qui vient de l'Esprit de Dieu, car c'est une folie pour lui ; il est même incapable de le comprendre, parce que c'est spirituellement qu'on en juge. L'homme dirigé*

par *l'Esprit, au contraire, juge de tout et n'est lui-même jugé par personne. En effet, qui a connu la pensée du Seigneur et pourrait l'instruire ? Or nous, nous avons la pensée de Christ.*

Méditation

La Parole de Dieu exalte la pensée de Dieu et nous fait comprendre que la pensée de l'homme est infiniment en dessous de la pensée de Dieu. Tout ce que Dieu fait est le produit de Sa pensée, tout ce qu'Il communique avec nous est le produit de Sa pensée. Il en va de même pour l'homme. Par ailleurs, les incompréhensions que nous avons concernant Dieu et les choses de Dieu sont le résultat d'une divergence de système et du contenu de la pensée. Lorsque le grand prophète Samuel s'est tenu devant Eliab, le fils aîné d'Isaï alors qu'il devait oindre un de ses fils comme roi, il était impressionné par sa prestance et était sur le point de conclure que c'était certainement celui que Dieu avait choisi. Mais il a entendu Dieu lui dire que non, Il l'avait rejeté. Le prophète a failli se tromper, heureusement qu'il était sensible à la pensée de Dieu.

Pensez à Nathan à qui David a annoncé son intention de construire un temple pour le Seigneur. Nathan avait trouvé l'idée très bonne et, après tout, pourquoi pas ? Sauf qu'à peine sorti de là Dieu a interpellé Nathan pour lui dire que Lui ne voyait pas les choses de la même manière, David ne devait pas Lui construire un temple, mais son fils allait le faire.

Les dégâts que nous constatons dans l'existence humaine, les quiproquos souvent catastrophiques, les insatisfactions, divisions, divergences, conflits en tout genre sont le résultat de pensées éloignées de celles de Dieu. L'hostilité de beaucoup vis-à-vis de Dieu, les frustrations dans la vie même de gens censés connaître Dieu sont le résultat de pensées éloignées de Dieu. En réalité, la solution à toute question et situation de l'existence humaine est dans la pensée de Dieu.

Ce que Dieu a préparé pour ceux qui croient en Lui, la vie à laquelle Il les destine n'est pas cette vie énumérée ci-dessus, de frustrations, d'hostilités, de conflits, de quiproquos catastrophiques. La Parole de Dieu nous fait comprendre que cette vie-là est merveilleuse au-delà de l'expérience ou de l'imagination humaine. Et par Son Saint-Esprit, Il nous en a donné révélation. En effet, le Saint-Esprit nous communique les pensées, les projets et les buts de Dieu nous concernant, Il nous permet de connaître les bienfaits que Dieu a préparés pour nous. Lui seul est en mesure de le faire. Ce qui veut dire qu'aucune source d'illumination ou de révélation divine sur la vie d'un être humain n'existe.

La vie chrétienne est une aventure dans l'exploration de la pensée de Dieu. À la nouvelle naissance, cette aventure commence, mais demande que chacun reconnaisse qu'il y a plus que ce qu'Il connaît ou voit déjà. Nous vivons dans une quête perpétuelle de la révélation que donne le Saint-Esprit, focalisés sur Dieu et sur ce qu'Il veut nous montrer et nous dire. Ainsi, nous éliminons des distractions de nos vies et nous écoutons attentivement Sa Parole pour être imprégnés de Sa pensée. Par l'œuvre de la croix, il nous a été donné de pouvoir penser comme Christ. Le Dieu de l'univers veut façonner notre perspective afin qu'elle soit en harmonie avec la sienne.

L'apôtre Paul était de ceux qui avaient progressé plus

que d'autres dans la manifestation de la pensée de Christ. Sa compréhension de l'Évangile, son attachement à Christ, son dévouement pour Dieu étaient tous des manifestations de l'absorption de la pensée de Christ.

En effet, c'est la sagesse supérieure qui est en Dieu qui doit régir nos vies. Et toutes nos frustrations sont le résultat de l'inadéquation de nos pensées avec les Siennes. Celui qui n'est pas spirituel considère les choses de Dieu comme une folie, une distance infinie sépare ses pensées de celles de Dieu. Toutefois, celui qui écoute le Saint-Esprit peut comprendre les choses de Dieu et partager la pensée de Dieu. Nous avons la pensée du Christ.

Questions

1. Quels sont les domaines où vous constatez que vous manifestez la pensée de Christ ?
2. Quels sont les domaines où vous êtes conscients que votre fonctionnement est encore très éloigné de celui de Dieu ?

Prière

- Remerciez Dieu de ce qu'Il vous donne la possibilité d'adopter Sa pensée.
- Renoncez à toute forme, tout système de pensée qui est éloigné de Dieu.
- Remerciez Dieu pour les choses merveilleuses et extraordinaires qu'Il a préparées pour vous.
- Demandez que le Saint-Esprit vous montre de façon générale et à chaque instant comme pour Samuel là où votre pensée diverge de celle de Dieu.

- Demandez la révélation en continu de la Parole de Dieu qui doit façonner votre perspective.
- Demandez un véritable engouement pour la Parole de Dieu afin de la « dévorer » sans jamais vous en lasser.
- Demandez la révélation par le Saint-Esprit des pensées et des voies de Dieu, au-delà de ce que vous connaissez déjà.
- Consacrez-vous à rechercher en continu la révélation par l'Esprit de Dieu.
- Soumettez votre vie à la direction du Saint-Esprit.

Déclarations

Je déclare au nom de Jésus que :

1. Je n'ai pas reçu l'esprit du monde, mais l'Esprit qui vient de Dieu.
2. Je me soumets à l'Esprit de Dieu. J'accepte la révélation qu'Il me donne des pensées de Dieu.
3. Désormais, je m'attache à la sagesse de Dieu. Je suis capable de la comprendre. Je déclare que j'ai la pensée de Christ.
4. Je vais dire ce que Dieu dit et je vais Lui plaire et triompher en toute circonstance.
5. Je suis façonné par la Parole de Dieu. J'honore la Parole de Dieu et elle est le sujet de ma méditation en continu.

6. Je renonce à tout ce qui en moi s'oppose à la pensée de Dieu, sur toute manière de fonctionner, de voir, tout endoctrinement émotionnel qui s'oppose à la pensée de Dieu. Tout ce qui ne correspond pas à la pensée de Dieu dans ma manière de concevoir ma propre existence change.

7. Je vais penser comme Dieu pense, je vais parler comme Dieu parle, je vais agir comme Dieu agit parce que j'ai la pensée de Christ, parce que j'obéis à la voix de Dieu et que je suis les voies de Dieu.

8. Désormais, je vais vivre une vie de sérénité parce que je sais que mon Dieu a des pensées supérieures aux miennes et des voies meilleures que les miennes.

9. Quelle que soit la situation ou l'apparence des choses, je ne peux que gagner alors que je continue d'écouter les pensées de Dieu parce que Dieu n'est jamais effrayé. Je ne serai plus dans la confusion, peu importe ce à quoi je suis confronté.

10. Désormais, je réagis comme Dieu en toute circonstance. Aucune situation n'aura raison de moi parce que je vais réagir comme Dieu et triompher comme Dieu.

3

Je vais progresser dans la connaissance de Dieu

Versets

Jean 17.3 *Or, la vie éternelle, c'est qu'ils te connaissent, toi, le seul vrai Dieu, et celui que tu as envoyé, Jésus-Christ.*

Philippiens 3.10 *Ainsi je connaîtrai Christ.*

Jérémie 9.22-23 (BDS) *L'Éternel dit ceci : Que celui qui est sage ne se glorifie pas de sa sagesse ; que celui qui est fort ne se glorifie pas de sa vigueur ; que celui qui est riche ne se glorifie pas de sa richesse. Celui qui veut se glorifier, qu'il se glorifie de ceci : d'avoir l'intelligence de me connaître.*

Éphésiens 1.17-19 Je prie que le Dieu de notre Seigneur Jésus-Christ, le Père de gloire, vous donne un esprit de sagesse et de révélation qui vous le fasse connaître. Je prie qu'il illumine les yeux de votre cœur pour que vous sachiez quelle est l'espérance qui s'attache à son appel, quelle est la richesse de son glorieux héritage au milieu des saints et quelle est l'infinie grandeur de sa puissance.

Colossiens 1.9-10 Nous ne cessons de prier Dieu pour vous. Nous demandons que vous soyez remplis de la connaissance de sa volonté, en toutes sagesse et intelligence spirituelles, pour marcher d'une manière digne du Seigneur et lui plaire entièrement. Vous aurez pour fruits toutes sortes d'œuvres bonnes et vous progresserez dans la connaissance de Dieu.

Méditation

Jésus est mort pour nous amener à Dieu. Connaître Dieu est le sens même de l'existence humaine. Paul n'avait que cela comme désir, connaître le Christ. Il écrit donc dans sa lettre aux Éphésiens le sujet de sa prière pour eux et c'est que Dieu leur donne de Le connaître. Créés à l'image de Dieu et pour la communion avec Dieu, la qualité de notre existence et expérience chrétienne est indissociable de notre proximité avec Dieu et de notre connaissance de Dieu. Le chemin est ouvert, mais tous ne l'empruntent pas.

Pourquoi cela ? Par manque d'enseignement dans certains cas, par manque de désir dans d'autres, la pensée tordue par les idées charnelles imagine que la quête de la connaissance de Dieu est contraignante, rigide, peu joyeuse. Les soucis, les richesses, les affaires de ce monde sont une distraction majeure pour d'autres. Connaître Dieu requiert un investissement, une hiérarchisation de priorités où Dieu vient en premier et tout le reste en dernier. Certains imaginent que ce serait trop difficile, ils se contentent de rester là où ils sont. Mais ce qui est merveilleux, c'est de savoir que Lui-même nous donne le vouloir et le faire.

Peu de temps après ma conversion, j'ai lu le passage de Jean 17.3 où Jésus déclare en s'adressant au Père que la vie éternelle, c'est que nous connaissions le Père, le seul vrai Dieu et que nous connaissions Jésus. Cela a déclenché en moi une soif de connaître Dieu et de progresser en continu dans la connaissance de Dieu. Connaître Dieu, contempler Dieu est devenu synonyme de vie chrétienne et m'a permis de bien définir mes objectifs de vie et d'organiser la gestion de ma vie spirituelle. C'était devenu la chose qui venait avant tout le reste et parfois à l'exclusion de tout le reste.

Mais quand Dieu voulait plus dans ma routine quotidienne, j'ai eu quelques craintes. Il m'a fait comprendre qu'Il voulait une communion en continu tout au long de la journée et non pas le temps de prière du matin et du soir bien respectés alors que dans la journée je Le perdais de vue. J'ai eu la pensée, eh oui, que je n'allais pas pouvoir profiter pleinement de ma journée avec Dieu constamment présent, ça risquait d'être contraignant. Heureusement pour moi, ces pensées sont vite passées.

J'ai pu apprécier par la suite à quel point c'était une grâce divine extraordinaire de saisir cette révélation si tôt et si profondément dans ma vie chrétienne. Je ne doute pas que cette quête de connaître Dieu et de Lui plaire m'ait épargné bien de déboires et d'erreurs grossières dans la vie. Sans parler de la satisfaction que procure la présence de Dieu et de la qualité de vie sans égal.

Dieu est le Père de gloire, un personnage plus extraordinaire que ce que la pensée humaine pourrait concevoir. Personne ne peut connaître Dieu si Dieu ne se révèle et ne l'attire. Moïse l'avait compris quand, en dépit de ses rencontres avec Dieu, il demandait encore de voir Sa gloire. Paul l'avait compris quand il expliquait clairement que son but c'était de Le connaître.

Dans la Nouvelle Alliance, nous sommes bien positionnés. Jésus, nous l'avons vu, est mort pour nous amener à Dieu et c'est Lui qui nous donne accès au Père. Nous pouvons, à l'instar de Paul, demander un esprit de sagesse et de révélation afin de Le connaître et Lui demander d'illuminer les yeux de nos cœurs.

Dans ce cri pour la connaissance de Dieu, l'apôtre Paul prie pour qu'ils connaissent pleinement aussi Son appel, Sa puissance, Son héritage, tout ce qui concerne Dieu et Sa manière d'être avec les humains. Nous progressons aussi dans une autre dimension de révélation — la compréhension des trésors de la Nouvelle Alliance. Une connaissance théorique ne suffira pas. Il faut crier à Dieu pour une illumination par le Saint-Esprit. Ainsi nous recevons la révélation de la puissance qui agit en notre faveur, de l'héritage de Dieu en nous, de la Seigneurie de Jésus et ainsi de suite.

Nous pourrons ainsi nous glorifier, non pas dans notre sagesse, ni dans notre vigueur, ni dans notre richesse, mais dans le fait que nous connaissons Dieu.

Questions

1. En matière de connaissance de Dieu, quelle est la différence entre l'Ancienne Alliance et la Nouvelle ?
2. Décrivez votre relation avec Dieu.

Prière

- Remerciez Dieu pour Son œuvre merveilleuse en vous et en votre faveur grâce à la croix.
- Remerciez Dieu pour la grâce de Le connaître.
- Déclarez votre désir de Le connaître.
- Demandez d'avoir soif de Dieu toute votre vie.
- Demandez à Dieu un esprit de sagesse et de révélation pour Le connaître.
- Demandez qu'Il se révèle à vous dans Sa Parole.
- Demandez qu'Il illumine les yeux de votre cœur et vous permette de saisir et de vivre intensément les trésors de la Nouvelle Alliance.
- Demandez que tout ce qui vous empêche de Le connaître disparaisse de votre vie.
- Demandez un esprit de prière afin de pouvoir passer de longues heures en Sa présence.

Déclarations

Je déclare au nom de Jésus que :

1. Dieu est tout pour moi. Mon but c'est de Le connaître
2. Toute ma vie, je vais progresser dans la connaissance de Dieu, dans l'intimité de Dieu.
3. Je reçois un esprit de sagesse et de révélation pour connaître Dieu.
4. Les yeux de mon cœur sont illuminés pour saisir les

trésors de la Nouvelle Alliance.

5. Dieu est au centre de mes pensées et l'unique objet de mon désir.

6. Je poursuis ardemment la révélation des choses de Dieu.

7. Mes yeux sont ouverts, je suis sensible spirituellement et les trésors du royaume de Dieu me sont dévoilés.

8. Je suis et resterai toujours passionné de Dieu.

4

Je vis dans la puissance de Dieu

Versets

Éphésiens 1.18-21 *Je prie qu'il illumine les yeux de votre cœur pour que vous sachiez [...] quelle est l'infinie grandeur de sa puissance, qui se manifeste avec efficacité par le pouvoir de sa force envers nous qui croyons. Cette puissance, il l'a déployée en Christ quand il l'a ressuscité et l'a fait asseoir à sa droite dans les lieux célestes, au-dessus de toute domination, de toute autorité, de toute puissance, de toute souveraineté et de tout nom qui peut être nommé, non seulement dans le monde présent, mais encore dans le monde à venir*

1 Chroniques 29.11 *À toi, Éternel, sont la grandeur, la puissance et la splendeur, l'éternité et la gloire, car tout ce qui est dans le ciel et sur la terre t'appartient. À toi, Éternel, sont le règne et l'autorité suprême !*

Exode 15.11 « Qui est semblable à toi parmi les dieux, Éternel ? Qui est, comme toi, magnifique de sainteté, redoutable, digne d'être loué, capable de faire des miracles ? »

Psaumes 62.12 (BDS) Dieu a dit une chose, et il l'a répétée, et je l'ai entendue : la puissance est à Dieu.

Jérémie 32.17-19 « Seigneur Éternel, c'est toi qui as fait le ciel et la terre par ta grande puissance et ta force. Rien n'est trop difficile pour toi. Tu fais preuve de bonté jusqu'à la millième génération et tu fais payer la faute des pères à leurs enfants après eux. Tu es le Dieu grand et puissant qui as pour nom l'Éternel, le maître de l'univers. Tu es un excellent conseiller, généreux dans ton activité, toi qui examines toutes les voies des humains pour traiter chacun conformément à sa conduite, en fonction de ses agissements. »

Méditation

Une des principales causes de la défaite dans la vie des chrétiens est une vision limitée de Dieu et de Sa capacité d'action. Le respect que nous avons pour Dieu, l'honneur que nous Lui rendons, l'adoration que nous Lui donnons sont conditionnés par notre vision de Sa grandeur. Par conséquent, la profondeur de notre relation avec Lui dépend de la compréhension de Sa puissance. Même notre obéissance est liée à la révélation de Sa grandeur. Lorsque, juste avant la captivité de Juda, Dieu a dit à Jérémie d'aller acheter le champ de son cousin, il l'a fait parce qu'il comprenait la puissance de Dieu.

Juda était assiégé depuis deux ans, Dieu avait annoncé leur départ en captivité, Jérémie en avait fait l'écho et, pour sa peine, il a été jeté au fond d'un trou. C'est alors que Dieu lui dit d'acheter le champ de son cousin. Par ailleurs, il Lui a dit ceci : « Seigneur Éternel, c'est toi qui as fait le ciel et la terre par ta grande puissance et ta force. Rien n'est trop difficile pour toi. » Il a donc cherché à comprendre pourquoi Dieu voulait qu'il achète ce champ. Et Dieu le lui a expliqué.

Dans cette grande prière, l'apôtre Paul prie pour que ses interlocuteurs puissent saisir la révélation de la puissance de Dieu, une puissance indescriptible et agissante qui est celle de Dieu. Il s'efforce de dépeindre cette puissance. En effet, l'une des choses les plus remarquables au sujet de Dieu, c'est Sa puissance extraordinaire et illimitée. Il est l'Omnipotent, Celui qui possède la capacité d'accomplir toute chose. Et si nous devions en avoir la compréhension, nous vivrions différemment. Il explique que c'est par cette même puissance que Jésus a été ressuscité de la mort. C'est la même puissance déployée pour l'établir en autorité sur tout ce qui existe alors qu'Il avait été sous l'emprise de la mort. Au grand dam du diable, Il est revenu à la vie et toutes les forces des ténèbres se sont retrouvées face à une puissance supérieure. Ce renversement extraordinaire de situation s'est fait par l'intermédiaire de la puissance infinie de Dieu. Mais il y a plus et c'est étonnant.

C'est que la puissance de Dieu n'existe pas de façon purement théorique, quelque chose que nous admirons et célébrons simplement, mais c'est une réalité dont nous bénéficions. Elle a été déployée en faveur de Jésus et elle est déployée en notre faveur aujourd'hui. Cette même puissance agit en nous et pour nous. Nous pouvons et devons vivre une vie marquée par la puissance de Dieu. Là où d'autres capitulent, elle se manifestera pour me faire triompher. Comme Abraham, nous agissons avec la pleine conviction « que ce que Dieu promet, il peut aussi l'accomplir »

(Romains 4.21).

Cette puissance agit encore aujourd'hui pour contrer les desseins du diable. De la même façon qu'il n'a pas pu retenir Jésus, il ne peut ni me retenir, ni me bloquer, ni me vaincre. La victoire de Jésus sur le diable est ma victoire et Sa puissance est ma garantie que moi aussi je vivrai dans la victoire. Voici donc un autre trésor du royaume de Dieu et il convient de prier afin de le voir, de le comprendre et d'en bénéficier. L'ignorance de ces trésors conduit souvent à des pensées et des actions néfastes pour nos vies, ainsi qu'à des positions théologiques erronées. Beaucoup ne suivent pas les projets de Dieu pour eux, car, sans la puissance de Dieu, ils semblent infaisables.

Prions donc, passionnément, comme Paul, pour que ces choses nous soient révélées. Et parlons-en avec assurance.

Questions

1. Quelle est la réponse de Dieu à Jérémie dans Jérémie 32 ?
2. Pourquoi connaître la puissance de Dieu ?

Prière

- Remerciez le Père d'avoir mis à votre disposition une puissance d'une portée si extraordinaire.
- Engagez-vous à poursuivre la révélation de Sa puissance.
- Demandez-Lui la révélation de cette puissance et comment en bénéficier chaque jour dans votre vie.
- Priez pour que vous puissiez comprendre la grandeur de Dieu et la petitesse de tout ce qui s'oppose à Sa

volonté.

- Demandez que Sa puissance soit libérée pour détruire tout ce qui dans votre vie n'est pas de Dieu.
- Demandez que la puissance de Dieu soit manifestée pour accomplir toute la volonté de Dieu dans votre vie, vous ouvrir des portes, vous accorder la faveur, débloquer des situations bloquées dans votre vie, votre famille, votre Église, etc.
- Demandez que la puissance de Dieu soit libérée à travers vous pour glorifier le Père, délivrer les gens et humilier le diable.

Déclarations

Je déclare au nom de Jésus que :

1. Je reçois la révélation de la puissance extraordinaire de Dieu.
2. Mon Dieu est tout-puissant et je Le vois comme tel. Je suis saturé de la conscience de l'omnipotence de Dieu.
3. La même puissance qui a ressuscité Jésus d'entre les morts agit dans ma vie, en moi et en ma faveur.
4. La même puissance qui a élevé Jésus au-dessus de toute autorité, toute principauté, toute force des ténèbres, m'accompagne chaque jour de ma vie et me donne la victoire.
5. Par la puissance de Dieu, toute la volonté de Dieu

sera parfaitement manifestée en moi et par moi.

6. Par la puissance de Dieu, tout ce que Satan et ses agents ont prévu me concernant est voué à l'échec, tout ce que Dieu a prévu me concernant va réussir.

7. Par la puissance de Dieu, j'annule tout projet, activité, déclaration démoniaque et satanique contre ma vie au nom de Jésus.

8. À la fin de chaque année, je vais regarder en arrière, j'aurai traversé la «mer Rouge», j'aurai vaincu des obstacles, terrassé des géants et je serai en train de chanter et de dire *gloire à Dieu*.

5

J'accepte les choix de Dieu

Versets

Psaumes 78.70-71 Il a choisi David, son serviteur, et l'a fait sortir des bergeries; il l'a pris derrière les brebis qui allaitent pour faire de lui le berger de Jacob, son peuple, d'Israël, son héritage.

Actes 26.9-10 « Pour ma part, j'avais cru devoir agir vigoureusement contre le nom de Jésus de Nazareth. C'est ce que j'ai fait à Jérusalem. J'ai jeté en prison beaucoup de chrétiens, car j'en avais reçu le pouvoir des chefs des prêtres, et quand on les condamnait à mort, je votais contre eux.

Actes 26.16-18 « Mais lève-toi et tiens-toi debout, car je te suis apparu pour faire de toi le serviteur et le témoin de ce que tu as vu et de ce que je te montrerai. Je t'ai choisi du milieu de ce peuple et des non-Juifs, vers qui je t'envoie. Je t'envoie leur ouvrir les yeux pour qu'ils passent des ténèbres à la lumière et de la puissance de Satan à Dieu, pour qu'ils reçoivent, par la foi en moi, le pardon des péchés et une part d'héritage avec les saints. » C'est pourquoi, roi Agrippa, je n'ai pas résisté à la vision céleste.

Méditation

L'histoire est captivante. Un homme se sent investi d'une mission divine. Il se déploie pour exterminer une vilaine secte qui gangrène le pays, il est sans pitié, car ils sont nocifs. Il s'agite beaucoup, voyage à l'étranger pour les traquer, fait tout ce qu'il faut. Mais, un jour, il fait une rencontre divine et sa vie bascule. Il passe de l'autre côté, il consacre sa vie à défendre la cause qu'il avait voulu anéantir. Telle est l'histoire de Paul l'apôtre, une histoire qui illustre si bien la nécessité de connaître et d'accepter les choix que Dieu a faits nous concernant.

Paul affirme dans ce passage qu'il avait d'abord pensé une chose, mais ensuite le Seigneur lui est apparu et toute son orientation a changé. La vraie démonstration de notre amour pour Jésus c'est de faire ce qu'Il dit, Il le dit Lui-même. Paul a accepté l'appel au service. Dieu l'a choisi alors qu'il était un ultra religieux anti chrétien. Il a été choisi pour diffuser l'Évangile à grande échelle et de surcroît aux non-juifs et il a accepté ce choix.

Il était, comme il le dit lui-même avec éloquence, dans 1 Timothée 1.13, « un blasphémateur, un persécuteur, un homme violent. » Converti, il pouvait choisir une vie tranquille de chrétien, mais il a accepté la responsabilité que Jésus lui a confiée. Il pouvait donc affirmer : « Je n'ai pas désobéi à la vision céleste. »

Dieu a choisi David pour être roi à la place de Saul alors

que rien ne le prédisposait à occuper un tel poste. Il a accepté le choix de Dieu et a accompli sa destinée. Nombreux sont ceux qui ont eu leur direction dans la vie changée par Dieu et qui ont accepté. Noé a accepté de construire l'arche et devenir l'homme par lequel l'humanité est sauvée et la terre repeuplée. Abraham a accepté de quitter sa patrie et devenir l'homme par lequel un peuple sera né afin que le Messie puisse venir sauver l'humanité. Jérémie a accepté de devenir prophète et de dire des choses que personne ne voulait entendre. Joseph a accepté d'épouser Marie et d'élever l'enfant divin qui n'était pas son fils. Pierre et Jean ont tourné le dos à leur métier et à leur style de vie pour suivre Jésus.

Chacun de nous a été aussi choisi pour suivre Dieu et pour entreprendre des choses précises. Comme David, parfois nous ne sommes pas prédisposés à ces choses, mais Dieu a fait irruption dans nos vies et a changé le cours de nos vies. Voici ce que Dieu fait dire à David par le prophète Nathan dans 2 Samuel 7.8-9 (BDS) :

> *« Je suis allé te chercher dans les pâturages où tu gardais les moutons, pour faire de toi le chef de mon peuple Israël. Je t'ai soutenu dans toutes tes entreprises et je t'ai débarrassé de tous tes ennemis. Je te ferai un nom très glorieux comme celui des grands de la terre. »*

À cause de son obéissance, Dieu lui donne un nom glorieux. La réussite de nos vies est conditionnée par sa correspondance avec le plan de Dieu. L'essentiel, c'est d'accepter le choix de Dieu et le changement d'orientation qu'Il fait. C'était le cas pour le prophète Amos.

Amos 7:14-15 Amos répondit à Amatsia : « Je ne suis pas prophète, ni fils de prophète, mais je suis berger et je cultive des sycomores. L'Éternel m'a pris derrière le troupeau et c'est lui qui m'a dit :"Va prophétiser à mon peuple, Israël !"»

Accepter les choix que Dieu fait est essentiel pour apprendre à penser comme Dieu. Qu'il s'agisse de l'appel au service comme pour Paul, de l'appel à la sainteté ou de style de vie, les choix de Dieu doivent devenir les nôtres. C'est pourquoi grandir dans la connaissance de Dieu requiert de l'humilité.

Questions

1. Pourquoi accepter les choix de Dieu ?
2. Listez les domaines où vous avez besoin de revenir sur vos choix.

Prière

- Remerciez Dieu de vous avoir choisi.
- Demandez pardon pour les choix que vous avez faits à l'encontre de Sa volonté.
- Renoncez à tout choix qui n'est pas de Lui.
- Faites une prière de consécration pour accepter ce qu'Il a prévu pour votre vie.
- Demandez-Lui de vous parler et de vous montrer, à l'instar d'Abraham, dans quelle direction vous devez aller.
- Demandez qu'Il vous équipe, comme Il l'a fait pour David, pour la mission qu'Il va vous donner.

- Demandez qu'Il vous change pour que vous puissiez épouser pleinement Ses choix pour vous.

Déclarations

Je déclare au nom de Jésus que :

1. Dieu m'a choisi et j'accepte Son choix.

2. J'accepte tout projet de Dieu pour ma vie. J'accepte Ses décisions et Ses voies.

3. Ma vie va correspondre au projet divin conçu avant que je ne vienne sur Terre.

4. Tout ce pour quoi Dieu m'a choisi devient un privilège et un honneur et non un fardeau.

5. Je vais accepter tout ce que Dieu va mettre en moi chaque saison de ma vie, y compris lorsque cela ne correspond pas nécessairement à ce que j'aurai choisi.

6. Je suis en harmonie avec Dieu. Par conséquent, tout ce qui résistait à ma destinée tombe.

7. Les choix de Dieu deviennent mes choix, car je pense comme Dieu.

8. J'aime ce que Dieu aime et je veux ce que Dieu veut pour moi.

6

Je vais entendre la voix de Dieu

Versets

Actes 13.2 Pendant qu'ils rendaient un culte au Seigneur et qu'ils jeûnaient, le Saint-Esprit dit : « Mettez-moi à part Barnabas et Saul pour la tâche à laquelle je les ai appelés. »

Ésaïe 30.21 Tes oreilles entendront dire derrière toi : «Voici le chemin à prendre, marchez-y ! » quand vous irez à droite ou quand vous irez à gauche.

Marc 13.11 Quand on vous emmènera pour vous faire arrêter, ne vous inquiétez pas d'avance de ce que vous direz, mais dites ce qui vous sera donné au moment même. En effet, ce n'est pas vous qui parlerez, mais l'Esprit saint.

1 Samuel 3.10 L'Éternel vint se tenir près de lui et appela comme les autres fois : « Samuel, Samuel ! » Samuel répondit : « Parle, car ton serviteur écoute. »

Actes 9.10 Or, il y avait à Damas un disciple du nom d'Ananias. Le Seigneur lui dit dans une vision : « Ananias ! » Il répondit : « Me voici, Seigneur ! »

Romains 8.14 En effet, tous ceux qui sont conduits par l'Esprit de Dieu sont fils de Dieu.

Méditation

La Bible est truffée de conversations entre Dieu et les êtres humains. Le Seigneur Maître de l'univers communique avec Sa création. Il a parlé aux prophètes, à des individus comme Joseph, par ses rêves, et concernant Moïse Il a même dit « Je lui parle directement, je me révèle à lui sans énigmes et il voit une représentation de l'Éternel. » (Nombres 12.8) Effectivement, Dieu l'a guidé toute sa vie à partir de sa rencontre avec Lui au buisson ardent. Il lui a donné des instructions claires, des solutions aux problèmes qu'il rencontrait lors de sa mission et l'a tiré d'affaire plusieurs fois lorsque les gens étaient ligués contre lui.

Dieu donne des directives claires dans Sa Parole. Aussi, par le biais du Saint-Esprit, qui selon Jésus nous montrera les choses à venir, Il nous donne des directions spécifiques sur des circonstances de nos vies. Dieu communique de différentes manières, parfois c'est une conviction dans le cœur, parfois des visions et des rêves, parfois une parole prophétique, les langues et l'interprétation des langues, l'envoi d'un messager céleste ou, parfois, par Sa voix intérieure ou extérieure.

Lorsque l'Église s'est réunie dans la présence de Dieu

en prière et en jeûne, ils ont reçu des directions de la part du Saint-Esprit. Ils devaient mettre à part Barnabas et Saul pour l'œuvre pour laquelle ils avaient été appelés. Ils l'ont fait et la grâce a reposé sur eux. Aujourd'hui encore, Dieu donne des directives par Son Esprit en conformité avec Sa Parole.

Certains affirment que lorsque le texte des Écritures a été validé, Dieu a cessé de communiquer à Son peuple des directions spécifiques en dehors du texte des Écritures. Or, lorsque l'on examine les cas de personnes qui ont entendu Dieu dans le Nouveau Testament, il s'agissait de directions spécifiques dans différentes situations données à un individu. Et ces directions ne pouvaient se trouver dans les textes écrits même si le Canon des Écritures était déjà en existence.

Philippe a reçu des instructions d'aller dans le désert, Ananias d'aller prier pour Saul, Corneille d'envoyer chercher Pierre, Pierre d'aller annoncer l'Évangile a Corneille, Paul concernant son séjour à Corinthe et concernant le bateau dans lequel il voyageait. Nous pouvons, nous aussi, devenir sensibles à la voix de Dieu et entendre des directives précises dans différentes situations de nos vies. Ceux qui sont les brebis de Jésus entendent Sa voix. Attendez-vous à entendre Sa voix. Comment faire ? Assurez-vous de faire partie de Ses brebis en donnant votre vie à Jésus, car ce sont ceux-là qui peuvent entendre Sa voix. Ensuite, imprégnez-vous de Sa Parole écrite et demandez. Il faut le désirer. Demandez à Dieu de vous rendre sensible à Sa voix. Prenez la décision de ne jamais attribuer à Dieu quelque chose qu'Il n'a pas dit. Beaucoup de personnes le font et cela les empêche d'entendre la voix de Dieu. Vivez en continu dans Sa présence.

Questions

1. Pourquoi entendre la voix de Dieu ?
2. En quoi cela a-t-il été bénéfique pour Paul dans sa vie et son œuvre ?

Prière

- Remerciez Dieu de ce qu'Il communique avec vous.
- Remerciez Dieu pour Sa Parole écrite.
- Demandez la révélation de Sa Parole.
- Demandez pardon d'avoir négligé par le passé Ses instructions.
- Engagez-vous à honorer ce qu'Il vous dit de faire à chaque instant.
- Demandez à Dieu de vous aider à entendre Sa voix.
- Demandez de pouvoir interpréter les rêves et les visions qu'Il vous donnera.
- Demandez de devenir sensible à la direction du Saint-Esprit.
- Demandez que les directives divines soient aussi claires pour vous qu'elles l'ont été pour l'apôtre Paul et Barnabas, pour Samuel et pour Philippe l'évangéliste, entre autres.

Déclarations

Je déclare au nom de Jésus que :

1. J'aime la Parole de Dieu et j'y suis attaché. Elle est ma nourriture de tous les jours.

2. Par le Saint-Esprit, je reçois quotidiennement la révélation de la Parole de Dieu.

3. Je bannis la confusion et l'incertitude. Je vais entendre clairement la voix de Dieu. Je ne vais pas douter, je saurai que c'est Dieu qui me parle.

4. Je ne suivrai pas la voix du diable ou la voix des autres opposées à la voix de Dieu.

5. Je ne suivrai pas la voix de mes sentiments ou de mes émotions.

6. Je suis la brebis de Jésus. Ses brebis entendent Sa voix, donc j'entends Sa voix.

7. Je fais taire toute voix étrangère qui essaierait de me parler. Je leur impose le silence.

8. Je vais honorer les instructions divines. Dès que je sais ce que Dieu veut, je le fais immédiatement.

9. Je suis sensible à l'Esprit de Dieu pour recevoir la direction divine à chaque instant par Sa Parole, les rêves, le témoignage intérieur, la voix du Saint-Esprit, par tous les moyens qu'Il choisirait d'utiliser.

10. Ce dont j'ai besoin dans ma vie où qu'il soit caché me sera révélé.

7

Je vais marcher dans l'amour

Versets

Romains 12.9-10 (BDS) *Que votre amour soit sincère. Ayez donc le mal en horreur, attachez-vous de toutes vos forces au bien, notamment en ce qui concerne : — l'amour fraternel : soyez pleins d'affection les uns pour les autres ; — l'estime mutuelle : soyez les premiers à la manifester.*

1 Corinthiens 13.4-7 *L'amour est patient, il est plein de bonté ; l'amour n'est pas envieux ; l'amour ne se vante pas, il ne s'enfle pas d'orgueil, il ne fait rien de malhonnête, il ne cherche pas son intérêt, il ne s'irrite pas, il ne soupçonne pas le mal, il ne se réjouit pas de l'injustice, mais il se réjouit de la vérité ; il pardonne tout, il croit tout, il espère tout, il supporte tout.*

Luc 6.35 *« Mais aimez vos ennemis, faites du bien et prêtez sans rien* espérer en retour. *Votre récompense sera grande et vous serez fils du Très-Haut, car il est bon pour les ingrats et pour les méchants.* »

Méditation

Comment ne pas s'attarder sur ces versets, les disséquer, les dévorer et les méditer en continu ? Quel appel vibrant à la bonté de cœur et de conduite les uns envers les autres ! L'on ne peut que se dire combien l'Église serait belle si elle faisait ne serait-ce que le minimum de ce que Dieu nous demande. Mais le changement peut commencer ici et maintenant avec vous et moi.

Qu'est-ce que les Écritures nous apprennent sur les relations mutuelles ? La règle d'or c'est l'amour. Mais pourquoi et comment sommes-nous censés aimer, car nous pensons souvent le faire alors que soit nous ne le faisons pas soit nous le faisons mal ? S'aimer les uns les autres en soi paraît évident, mais Dieu a une logique derrière ce commandement de l'amour et la comprendre nous sera utile.

Motivations de l'Amour

D'abord, Dieu nous a aimés. La Bible déclare que puisque Dieu nous a aimés, nous aussi, nous devons nous aimer les uns les autres. Ainsi la motivation de l'amour c'est l'amour de Dieu que nous avons reçu. Dieu dit, en effet, vous avez été aimé, alors, vous devez aimer. Ainsi aimer est une responsabilité qui incombe à celui qui a été bénéficiaire de l'amour.

> *1 Jean 4.11 Bien-aimés, puisque Dieu nous a tant aimés, nous devons nous aussi nous aimer les uns les autres.*

Ensuite, nous aimons Dieu. Dieu ordonne que tous ceux

qui aiment Dieu aiment aussi les frères et sœurs. Dans la pensée biblique, l'amour pour Dieu va de pair avec l'amour pour d'autres chrétiens. Personne n'est appelé à vivre dans l'isolement avec Jésus sans se soucier des autres. Et Dieu est très soucieux de notre manière de nous traiter mutuellement.

> *1 Jean 4.21 Or, voici le commandement que nous avons reçu de lui : celui qui aime Dieu doit aussi aimer son frère.*

De plus, nous aimons parce que nous sommes nés de Dieu. Naître de Dieu, c'est naître de Celui qui est Amour. Celui qui est né de Dieu ne peut qu'aimer. L'amour est une conséquence naturelle de la nouvelle naissance et la preuve que nous sommes passés de la mort à la vie. Si nous n'aimons pas, nous ne sommes probablement pas nés de nouveau.

> *1 Jean 4.7 Bien-aimés, aimons-nous les uns les autres, car l'amour vient de Dieu, et toute personne qui aime est née de Dieu et connaît Dieu.*

Finalement, nous aimons parce que Jésus nous donne l'ordre d'aimer comme Lui nous a aimés. Dieu nous demande d'aimer les frères et sœurs exactement comme Jésus nous a aimés. Nous devons manifester envers les autres le même amour parfait, qui se sacrifie, qui pardonne tout et que nous avons reçu de Jésus. Nous aurions certainement trouvé cela infaisable, sauf que nous savons que par la nouvelle naissance nous avons reçu la capacité d'aimer. Comment donc devons-nous manifester cet amour ?

Comment aimer ?

Comme Dieu. En imitateurs de Dieu. Nous devons aimer comme Dieu aime. Nous devons aimer comme Jésus nous a aimés.

> *Jean 15.12 «Voici mon commandement : aimez-vous les uns les autres comme je vous ai aimés.»*

Comment est-ce que Dieu aime ?

L'amour est intrinsèque à la nature de Dieu

La Parole de Dieu nous enseigne que l'amour est intrinsèque à la nature de Dieu. Dieu, il nous est dit, est amour. Il ne peut être dissocié de l'amour et Son amour est manifesté, car l'amour est toujours manifesté, dans Sa manière de nous traiter. Il est fidèle, patient, rempli de compassion, miséricordieux et son amour est constant, Il ne varie pas et s'exprime envers ceux qui l'aiment aussi bien que leurs descendants.

Notre position par défaut doit être d'aimer les gens et d'exprimer à leur égard ces mêmes caractéristiques qui démontrent l'amour de Dieu — la fidélité, la patience, la compassion, la miséricorde, la constance. (Deutéronome 7.9 ; Psaumes 86.15). Mais il y a plus.

L'amour de Dieu est parfait et non mérité.

Dieu nous aime d'un amour parfait en dépit du fait que nous ne le méritons pas et Il le démontre. La Bible nous dit qu'Il a manifesté Son amour de façon palpable, en nous donnant ce que nous ne méritons pas, n'avons jamais mérité et ne mériterons jamais.

- Dieu nous aime tellement que lorsque nous étions

perdus dans le péché, Christ est mort pour nous.
- Il nous aime tellement que, malgré nos péchés, Il nous a rendus à la vie en Jésus. Et nous a sauvés.
- Il nous aime tellement qu'Il nous a accordé le statut d'enfants de Dieu.
- Jésus nous aime tellement qu'Il est mort pour nous.

Références : Jean 15.12-13 ; Éphésiens 2.4-5 ; 1 Jean 3.1 ; Romains 5.8.

Jésus a établi Son amour pour nous comme le barème de notre amour pour les autres. Il nous a ordonné de nous aimer comme Lui nous a aimés. Il nous a appris qu'aimer c'est donner sa vie pour l'autre, ce qui veut dire que nous devons être prêts à aller jusqu'au bout pour les autres. L'apôtre Jean a repris le même thème en définissant l'amour comme le fait de donner sa vie pour ses amis. Nous faisons toujours pour les autres ce qui va améliorer leur existence.

1 Jean 3.16 Voici comment nous avons connu l'amour : Christ a donné sa vie pour nous ; nous aussi, nous devons donner notre vie pour les frères et sœurs.

Il y a une excellente nouvelle et c'est que l'amour provoque une réaction de la part de Dieu, une grande récompense. Lorsque vous faites du bien aux personnes non méritantes et vous n'attendez rien en retour, votre récompense sera grande selon Luc 6.35.

Questions

1. Pourquoi aimer les autres ?
2. Comment les aimer, selon la Parole de Dieu ?

Prière

- Remerciez Dieu pour Son amour si merveilleux et parfait.
- Priez pour que vous soyez saturé de la révélation de l'amour de Dieu pour vous.
- Engagez-vous à obéir au commandement de Dieu et à aimer profondément les autres d'un cœur pur.
- Demandez à Dieu de garder votre cœur afin que vous ne soyez jamais refroidis par les gens méchants et ingrats.
- Demandez à Dieu de vous aider à aimer les autres comme Lui vous aime.
- Priez pour que votre amour domine dans toutes les circonstances.

Déclarations

Je déclare au nom de Jésus que :

1. Dieu m'aime et m'a donné Son Fils et la vie éternelle en Lui.
2. J'aime Dieu et j'aime aussi les frères et sœurs. L'amour est ma position par défaut.
3. Je suis capable d'aimer, car je suis né de Dieu.
4. Je vais aimer les autres comme Jésus m'a aimé.
5. Je manifeste la bonté, la fidélité, la patience, la compassion et la miséricorde envers les autres tout

comme je les reçois de Dieu.

6. Dieu pourra bénir tous ceux qu'Il veut à travers moi, car je les aime profondément.

7. Je ne me lasserai jamais d'aimer, je ne serai pas déçu à cause des méchants et des ingrats.

8. Je fais du bien sans rien espérer en retour et je vais recevoir une grande récompense de la part de Dieu.

8

J'accepte un nouveau départ

Versets

Ésaïe 43.18-19 Ne pensez plus aux premiers évènements, ne cherchez plus à comprendre ce qui est ancien ! Je vais faire une chose nouvelle, qui est déjà en germe. Ne la remarquerez-vous pas ? Je vais tracer un chemin en plein désert et mettre des fleuves dans les endroits arides.

Ésaïe 43.18-19 (BDS) Ne vous rappelez plus les évènements du passé, ne considérez plus les choses d'autrefois ; je vais réaliser une chose nouvelle, elle germe dès à présent, ne la reconnaîtrez-vous pas ? J'ouvrirai un chemin à travers le désert et je ferai jaillir des fleuves dans la steppe.

Philippiens 3.13-14 Frères et sœurs, je n'estime pas m'en être moi-même déjà emparé, mais je fais une chose : oubliant ce qui est derrière et me portant vers ce qui est devant, je cours vers le but pour remporter le prix *de l'appel céleste de Dieu en Jésus-Christ.*

Méditation

L'expérience du peuple de Dieu tout au long du récit biblique est celle de nouveaux départs. Lorsque Abraham a obéi à Dieu et a quitté sa famille, c'était un nouveau départ. Quand il a renoncé à Ismaël pour se focaliser sur Isaac, le fils de la promesse, c'était un nouveau départ. Ensuite, Jacob et toute sa famille se sont installés en Égypte, le peuple d'Israël est sorti de l'Égypte, 40 ans plus tard, ils se sont installés sur la terre promise, à chaque étape, c'était un nouveau départ. Avec chaque nouveau juge, prophète, roi, c'était encore un nouveau départ.

Dans ce passage, Juda reçoit une promesse de retour de captivité, une captivité provoquée par sa désobéissance envers Dieu. Mais, là encore, il y aura une nouvelle expérience, un nouveau départ. Dieu accorde toujours Sa grâce pour recommencer après un échec. Il s'investit de nouveau en faisant « une chose nouvelle » ; Il déploie Sa puissance et fait des merveilles pour affirmer et bénir celui qui s'était égaré. À chaque fois qu'un enfant de Dieu se tourne vers Lui dans la repentance, Il lui donne un nouveau départ.

Puisque c'est un nouveau départ, il convient de ne plus porter son attention sur le passé, de ne plus le laisser influencer nos vies, nos attentes, notre futur. Dieu change la donne. L'apôtre Paul est un exemple de quelqu'un qui a accepté un nouveau départ. Il avait choisi d'oublier ce qui était passé pour se concentrer sur l'œuvre que Dieu allait accomplir en lui et à travers lui par la suite. Sinon, il aurait pu être rongé par la culpabilité pour tout le mal qu'il avait fait aux chrétiens et à l'Église.

Nous aussi nous devons faire le choix d'oublier le passé. Prenez la décision en cette nouvelle saison de laisser Dieu renouveler votre zèle. Vous pouvez vous permettre d'espérer de nouveau, de croire. Gardez votre regard sur Dieu et sur ce qu'Il est déjà en train de faire. Pour chaque enfant de Dieu, il y a toujours un nouveau départ. Dieu pardonne, restaure, libère et fraie un chemin là où il n'en avait pas. Osez l'accepter, osez le saisir.

Les actes de Dieu sont à la mesure de Sa grandeur, pas de nos mérites. Par exemple, Dieu trace un chemin en plein désert et met des fleuves dans des endroits arides. En d'autres termes, il pourvoit à toute éventualité et pallie toute insuffisance. Pourquoi ? Parce qu'Il le veut, parce qu'Il est bon. Ce que Dieu va faire est tellement extraordinaire qu'il faudra déployer sa foi pour le recevoir.

Faites comme Paul, ne vous attardez pas sur votre passé, bon ou mauvais. Focalisez-vous sur le futur et ce que vous allez devenir en Christ. Ayez comme objectif d'accomplir la mission que Dieu a pour votre vie. Servez-Le comme jamais auparavant.

Questions

1. Notez quelques domaines où vous avez vécu un nouveau départ.
2. Si les actes de Dieu sont à la mesure de Sa grandeur, pas de nos mérites, que cela veut-il dire pour vous ?

Prière

- Remerciez Dieu de ce qu'Il vous permet d'avoir un nouveau départ.
- Renoncez à tout péché ou toute rébellion qui a pu vous conduire dans une impasse dans votre vie.
- Renoncez à toute préoccupation et tout attachement au passé.
- Renoncez à ce que vous étiez avant de connaître Jésus pour épouser pleinement le projet de Dieu pour vous, comme l'a fait l'apôtre Paul.
- Choisissez d'accepter ce nouveau départ.
- Demandez d'avoir des yeux ouverts pour voir ce qu'Il est déjà en train de faire.

Déclarations

Je déclare au nom de Jésus que :

1. C'est un nouveau départ, j'accepte un nouveau commencement.
2. Je renonce aux échecs, aux insuffisances et aux frustrations passés.
3. Je reçois la grâce pour fermer la porte au passé.
4. J'ai les yeux ouverts pour voir les choses nouvelles que Dieu fait.
5. J'entre dans une saison de distinction, de merveilles et de provision extraordinaires.

6. Toutes les circonstances adverses sont anéanties, la faveur de Dieu fraie un chemin devant moi.

7. Tout désert de ma vie est transformé en étang. Je suis florissant et prospère en toute circonstance.

8. Je suis focalisé sur l'œuvre que Dieu va accomplir en moi et pour moi.

9. Des projets « morts » sont ressuscités parce que c'est un nouveau départ.

9

Je vis sous l'autorité de Dieu et j'exerce mon autorité sur le diable

Versets

Éphésiens 6.11-12 Revêtez-vous de toutes les armes de Dieu afin de pouvoir tenir ferme contre les manœuvres du diable. En effet, ce n'est pas contre l'homme que nous avons à lutter, mais contre les puissances, contre les autorités, contre les souverains de ce monde de ténèbres, contre les esprits du mal dans les lieux célestes.

Jacques 4.7-8 Soumettez-vous donc à Dieu, mais résistez au diable et il fuira loin de vous. Approchez-vous de Dieu et il s'approchera de vous.

Psaumes 62.12 (BDS) Dieu a dit une chose, et il l'a répétée, et je l'ai *entendue : la puissance est à Dieu*

Éphésiens 1.20-21 Cette puissance, il l'a déployée en Christ quand il l'a ressuscité et l'a fait asseoir à sa droite dans les lieux célestes, au-dessus de toute domination, de toute autorité, de toute puissance, de toute souveraineté et de tout nom qui peut être nommé, non seulement dans le monde présent, mais encore dans le monde à venir

1 Pierre 5.8 Soyez sobres, restez vigilants : votre adversaire, le diable, rôde comme un lion rugissant, cherchant qui dévorer.

Méditation

Quand Jésus était sur la terre, Actes 10.38 nous dit qu'il faisait du bien partout et guérissait ceux qui étaient opprimés par le diable. Il détruisait les œuvres du diable. L'existence même de la foi chrétienne est le résultat d'une démonstration de puissance. Jésus a livré publiquement en spectacle les forces des ténèbres et la mort n'a pas pu Le retenir. Il a déclaré à Ses disciples que désormais c'était Lui qui détenait tout pouvoir et toute autorité sur la Terre. Les forces des ténèbres continueront de fonctionner sur la Terre, mais elles sont maintenant assujetties à une puissance supérieure mise à disposition de ceux qui auraient cru en Jésus. Il nous a délégué Son autorité et promis Sa puissance par la venue du Saint-Esprit.

En effet, nous vivons dans un monde d'autorité, de domination et de puissance. Dieu seul devrait exercer l'autorité sur un être humain, mais l'homme s'étant soumis à Satan, celui-ci domine sur les êtres humains, il est « l'esprit qui agit maintenant dans les hommes rebelles » (Eph 2.2, BDS). Mais, avec l'œuvre de Jésus évoquée précédemment, toute personne qui s'est volontairement soumise à Jésus échappe à la domination du diable ; même si lui et ses agents ne cessent de chercher le moyen de l'opprimer.

Tous, avant la conversion, étaient sous l'emprise du diable et l'ont suivi dans ses voies en commettant des péchés contre Dieu. C'est pour cela que l'épître aux Romains nous dit qu'il n'y avait pas un seul juste, que tous se sont égarés. Certains l'ont servi activement comme des agents du mal, dans l'occultisme, la sorcellerie et toute pratique relevant de la puissance du mal. D'autres encore ont été la cible des attaques des forces des ténèbres. Dans tous ces cas, Jésus offre une porte de sortie, car Il a la supériorité sur le diable et l'a «réduit à l'impuissance.» Malheureusement, notre ignorance permet au diable de faire ce qu'Il n'est pas autorisé à faire. Nous ne devons donc pas ignorer ses intentions et ses manœuvres.

Chacun a le choix et la possibilité de laisser Dieu seul dominer dans sa vie. C'est pour cela que la Parole de Dieu nous dit : «Soumettez-vous à Dieu.» C'est une soumission volontaire, une décision de suivre Dieu totalement et humblement, de vivre exclusivement pour la volonté de Dieu. C'est un choix d'obéir et de suivre la voie de Dieu chaque jour et en toutes choses. Celui qui dit aimer Jésus sans se soumettre à Lui, en trouvant des prétextes pour ne pas faire ce qu'Il veut, vient d'accepter que d'autres soient maîtres de sa vie. Toute résistance à Dieu est de facto une soumission à Satan.

Il nous est dit ensuite : «Résistez au diable et il fuira loin de vous.» Il y a donc une réaction vive à avoir pour contrer les efforts de Satan et ses troupes pour nous dominer et nous opprimer. Ils cherchent à pousser les chrétiens à la rébellion contre Dieu, au péché ; ils s'en prennent à différents domaines de la vie des uns et des autres — la santé, les entreprises, la famille, etc. ; ils provoquent des oppressions mentales ou spirituelles. La consigne est la même : «résistez» et, en résultat, ils prendront la fuite.

Penser comme Dieu,
- c'est aussi accepter de prendre les armes pour résister à Satan,
- c'est accepter que la pensée et les voies de Dieu sont sacrées et inviolables,
- c'est vivre libre de la domination du diable.

Choisissons de faire ce qu'Il faut pour vivre exclusivement sous l'autorité de Dieu. Choisissons de dominer sur toutes les circonstances de nos vies par la puissance du Saint-Esprit et la révélation de la Parole de Dieu. Faisons en sorte que seules les pensées de Dieu régissent les circonstances de nos vies.

Questions

1. Est-ce que vous constatez des domaines où Satan agit encore dans votre vie ?
2. En quoi penser comme Dieu nous permet-il de vivre libres de la domination de Satan ?

Prière

- Remerciez Dieu pour la révélation de l'opposition spirituelle à laquelle vous devez faire face.
- Renoncez à tout péché qui a pu laisser une porte ouverte au diable pour vous opprimer.
- Soumettez-vous à Dieu. Demandez-Lui de vous forti-

fier afin de pouvoir tenir ferme contre les projets du diable.

- Remerciez Dieu pour Sa Parole et Sa puissance qui vous permettent de triompher.
- Renoncez et annulez toute alliance satanique contractée par vos ancêtres, par vous-même ou d'autres en votre nom, qui serait en train de nuire à votre vie.
- Annulez toute parole prononcée contre vous ; déclarez que la Parole de Dieu seule agit dans votre vie.
- Révoquez toute malédiction qui pèse contre vous et votre famille.
- Annulez tous les projets, décrets et manœuvres du diable vous concernant.
- Brisez toute activité démoniaque dans votre vie, demandez que vous soyez complètement libéré de toute puissance des ténèbres.
- Déclarez que par la foi vous annulez toutes les flèches du diable.
- Demandez que tout joug de stérilité, de rétrogradation, de sécheresse soit consumé par le feu de Dieu.
- Demandez que toute attaque nocturne cesse. Déclarez que votre sommeil sera paisible et doux, que l'Éternel vous fait demeurer dans la paix et la tranquillité.
- Engagez-vous à choisir en toute circonstance les voies de Dieu et à Le laisser Lui seul dominer dans votre vie.

Déclarations

Je déclare au nom de Jésus que :

1. Dieu seul a autorité me concernant. L'autorité de Dieu ne sera pas contestée dans ma vie. Je suis fortifié en Christ. Par la puissance de Dieu, je domine toutes les circonstances de ma vie.

2. J'écrase toutes choses venues des ténèbres, je ne leur permets pas de m'affliger. J'ordonne qu'elles disparaissent et je déclare toute activité démoniaque, occulte, de sorcellerie nulle et non avenue dans ma vie en cette année et au-delà, au nom de Jésus.

3. Je me tiens fermement contre toute chose, toute force, toute puissance, toute autorité qui cherchera à me nuire de quelque manière que ce soit. Je me tiens contre ces puissances et je déclare que ma vie est une zone interdite pour le diable et ses acolytes au nom de Jésus.

4. Je déracine tout ce qui a été implanté dans ma vie, dans ma famille, dans mes circonstances. Je déracine tout ce qui a été planté, enfoui à l'intérieur de moi dans mon corps, dans mon âme et qui vient des ténèbres.

5. Je déracine, au nom de Jésus, tout ce qui est en moi qui ne vient pas de Dieu. Toute chose, toute force, toute influence négative, qu'elle soit spirituelle, biologique, émotionnelle, toute maladie, tout vecteur de maladie, partez au nom de Jésus.

6. J'annule toute parole, tout décret prononcé contre ma vie ; tout décret occulte, toute déclaration des ténèbres, toute malédiction contre moi est annulé par la puissance du Saint-Esprit.

7. Je me sépare de toute chose qui vient des ténèbres, toute personne qui vient des ténèbres ou qui agit pour le compte des ténèbres. Je brise leur influence sur ma vie, je me sépare d'elles maintenant au nom de Jésus.

8. Je brise tout lien démoniaque qui me relie à un membre de ma famille, tout lien est annulé. Tout projet de Dieu pour ma vie est pleinement accompli, au nom de Jésus.

9. Toute autorisation accordée par mes ancêtres, ma famille, les leaders spirituels, mon entourage qui permet au diable de ravager ma vie est totalement révoquée ; que tout accès à ma vie soit fermé.

10. Ma vie est une représentation fidèle de la volonté de Dieu pour moi.

11. Aucun mal ne m'arrivera, aucune calamité ne s'approchera de moi. Toute arme forgée contre moi est sans effet.

10

Je suis libéré du rejet

Versets

Ésaïe 49.15 (BDS) Une femme oublie-t-elle l'enfant qu'elle nourrit ? Cesse-t-elle d'aimer l'enfant qu'elle a conçu ? Et même si les mères oubliaient leurs enfants, je ne t'oublierai pas !

Ésaïe 43.4 Parce que tu as de la valeur à mes yeux, parce que tu as de l'importance et que je t'aime, je donne des hommes à ta place, des peuples en échange de ta vie.

1 Jean 3.1 (BDS) Voyez combien le Père nous a aimés pour que nous puissions être appelés enfants de Dieu – et nous le sommes ! Voici pourquoi le monde ne nous reconnaît pas : c'est parce qu'il n'a pas reconnu Dieu.

Méditation

Combien de fois j'ai médité ce passage d'Esaïe 43 pour m'imprégner de l'amour de Dieu, dans la version Amplified en anglais ! Que de bons souvenirs dans cette découverte de la valeur que Dieu accorde aux siens. Ces promesses pour Israël sont des promesses pour ceux qu'Il a rachetés également, car Dieu ne change pas. Vous avez de l'importance aux yeux de Dieu, la version Amplified utilise le mot *precious* qui me fait penser aux pierres précieuses. Et, tout de suite, vos yeux s'illuminent parce que c'est quelque chose de concret. Oui, nous avons de la valeur aux yeux de Dieu, Il nous aime et nous comptons pour Lui. C'est totalement extraordinaire.

Lorsque vous méditez longuement sur ces passages, il y a une assurance qui vous gagne dans votre marche avec Dieu et l'opinion des autres qui vous faisait souffrir cesse de compter. Si vous êtes enfant de Dieu, vous devez vivre avec une conscience de votre valeur, vous devez savoir à quel point vous êtes précieux pour Dieu. Mais ce n'est pas le cas de tous et beaucoup sont davantage influencés par leurs expériences négatives avec les autres que par la réalité de la Parole de Dieu.

Pourquoi ?

Beaucoup de personnes sont marquées par le rejet. Certains sont rejetés dans leur famille, d'autres au travail, à l'école ; certains depuis l'enfance. Le rejet peut être réel ou imaginé. Certains sont rejetés partout, d'autres sont inondés de pensées, de craintes et de soupçons de rejet et interprètent mal les situations autrement innocentes. Les deux cas sont graves. Les personnes ont intériorisé le sentiment de rejet et cela nuit à leurs vies, à leurs relations et même à leur carrière. Il n'y a aucune raison apparente, mais cela se produit. Mais Dieu a une solution. Parfois, le rejet est lié à une circonstance précise. On peut avoir connu le rejet dans un mariage, dans une Église, par des amis ou pour une promotion. Et on se dit que c'est fini, que l'on ne pourra plus jamais avoir ce type de relations ou de poste. Et les personnes continuent de souffrir.

On peut aussi subir le rejet à cause de son propre comportement. Il importe donc de s'examiner et de voir là où nous avons nous-mêmes provoqué une réaction négative par nos paroles et nos actes.

Le chrétien peut aussi vivre une autre forme de rejet, de la part de ceux qui s'opposent à l'Évangile que nous prêchons. Cela va de soi et le chrétien doit l'assumer. Celui qui est dérangé par l'hostilité des non-croyants ne peut pas servir Dieu. La Parole de Dieu est claire sur le fait qu'il y aura ceux qui ne reconnaîtront pas qui nous sommes, parce qu'ils ne le connaissent pas Lui.

Autre point fondamental, c'est que le rejet est un domaine de prédilection des démons. Un jour, je priais pour une jeune femme, elle m'avait dit qu'elle avait des problèmes au travail, elle était rejetée et voulait changer. Mais, en priant, j'ai vu et je lui ai dit que ce n'était pas lié à son travail, mais à elle. Il y avait un esprit de rejet attaché à elle qui la suivait partout et la faisait rejeter partout où elle allait et, si elle changeait de travail, la même chose allait recommencer ailleurs. Elle a reconnu que c'était vrai, c'était quelque chose qui la suivait, elle avait cette expérience en continu. J'ai donc prié pour elle, pour qu'elle soit libre.

D'autres encore sont tourmentés par un esprit qui leur fait croire qu'ils sont rejetés. Le rejet, réel ou imaginaire, émotionnel ou spirituel, a un antidote — l'amour de Dieu, le seul amour inépuisable et la puissance de Dieu.

C'est que Dieu nous a tellement aimés qu'Il a donné Son Fils unique pour nous sauver. Il a permis que Jésus souffre et peine pour que nous puissions être rachetés. Ainsi, devenir chrétien ce n'est pas adhérer à des dogmes impénétrables, comme le pensent certains. C'est entrer dans une famille d'amour, se donner à un Sauveur qui s'est donné pour nous en premier. Voici que Celui qui, Lui, aurait raison de nous rejeter à cause de nos péchés nous a, au contraire, cherchés, aimés et acceptés. Il a fait de nous des enfants du royaume.

Pensez-y. Selon la Bible, nous n'étions pas un peuple et nous sommes devenus le peuple de Dieu; nous qui étions des gens du dehors, nous sommes devenus des gens de la maison de Dieu. Nous aurions dû être rejetés, nous avons été acceptés.

Dans Esaïe 49, au verset 15, Dieu compare l'amour d'une mère à celui de Dieu. Il pose la question de savoir si une mère pourrait oublier l'enfant qu'elle allaite, si elle n'aurait pas « compassion du fils qui est sorti de son ventre ». Il a répondu en disant que, même si elle oubliait, en d'autres termes, la possibilité, quoique mince, existe quand même, Lui n'oublierait pas Ses enfants. Il a continué en disant ceci : « Vois! Je t'ai gravée sur mes mains. » (Esaïe 49.16) Quelle image merveilleuse! Celui qui trouve son identité en Lui est délivré du rejet.

La révélation de l'amour de Dieu pour vous, de la valeur

que vous avez à Ses yeux est capitale, et vient en méditant Sa Parole à ce sujet. Dieu peut aussi vous accorder la faveur pour que les portes s'ouvrent devant vous. De plus, il convient d'exiger que toute puissance des ténèbres vous lâche. Et dans certains cas il faut demander que Dieu vous change là où vous avez un comportement qui provoque le rejet.

Nous devons vivre dans l'émerveillement du fait que nous sommes aimés de Dieu et considérés comme Ses enfants. Dès lors que Dieu nous a adoptés dans Sa famille, le rejet et l'hostilité des autres deviennent des plus insignifiants.

Questions

1. En quoi avez-vous connu le rejet ?
2. Quel est le remède que ces passages nous donnent contre le rejet ?

Prière

- Remerciez le Père pour l'amour extraordinaire qu'Il vous porte.
- Remerciez-Le d'avoir fait de vous un enfant du royaume et un membre de Sa famille.
- Demandez à Dieu la révélation de Son amour et de la valeur que vous avez à ces yeux, que cela sature votre être.
- Pardonnez, si vous ne l'avez pas fait.
- Demandez d'être libéré de tout rejet et de tout esprit qui opère dans cette situation pour vous tourmenter. Ordonnez fermement à cet esprit de vous quitter.
- Demandez que Dieu vous donne la faveur auprès des

personnes que vous rencontrez, surtout celles dont vous avez besoin dans votre vie.

- Demandez à Dieu de vous changer, que tout comportement que vous avez qui provoque le rejet disparaisse.
- Demandez à Dieu de vous fortifier afin de tenir ferme contre toute opposition à votre vie due à votre appartenance à Jésus.
- Célébrez le Seigneur parce que vous êtes accepté, aimé, choisi par Dieu et que vous avez de la valeur à Ses yeux.
- Demandez à Dieu d'effacer au nom de Jésus, par le sang de l'Agneau et la puissance du Saint-Esprit, les séquelles des mauvais jours, des mauvaises expériences.

Déclarations

Je déclare au nom de Jésus que :

1. Je suis aimé de Dieu et précieux pour Lui.
2. L'amour de Dieu me suffit et me satisfait.
3. Par la puissance du Saint-Esprit, je suis délivré du rejet. Je vois les chaînes tomber.
4. Les séquelles des mauvais jours, des mauvaises expériences sont effacées, au nom de Jésus.
5. Je suis membre de la famille de Dieu, choisi et sorti des ténèbres pour déclarer la louange de Dieu.

6. J'ai de la valeur aux yeux de Dieu et j'ai de l'importance pour Lui.

7. Je vis en paix et en harmonie avec les autres et je suis une bénédiction pour eux.

8. La faveur de Dieu repose pleinement sur moi et m'ouvre des portes.

9. Mon père et ma mère peuvent m'abandonner, mais Dieu ne m'abandonnera jamais.

11

Je vis dans la paix et l'abondance financière

Versets

Matthieu 6.31-33 Ne vous inquiétez donc pas et ne dites pas : « Que mangerons-nous ? Que boirons-nous ? Avec quoi nous habillerons-nous ? » En effet, tout cela, ce sont les membres des autres peuples qui le recherchent. Or, votre Père céleste sait que vous en avez besoin. Recherchez d'abord le royaume et la justice de Dieu, et tout cela vous sera donné en plus.

Philippiens 4.19 (BDS) Aussi, mon Dieu subviendra pleinement à tous vos besoins ; il le fera, selon sa glorieuse richesse qui se manifeste en Jésus-Christ.

2 Corinthiens 9.8-11 Dieu peut vous combler de toutes ses grâces afin que vous possédiez toujours à tout point de vue de quoi satisfaire à tous vos besoins et que vous ayez encore en abondance pour toute œuvre bonne, comme il est écrit : Il a distribué ses bienfaits, il a donné aux pauvres ; sa justice subsiste à toujours. Que celui qui fournit de la semence au semeur et du pain pour sa nourriture vous fournisse et vous multiplie la semence, et qu'il augmente les fruits de votre justice. Ainsi vous serez enrichis à tout point de vue pour toutes sortes d'actes de générosité qui, par notre intermédiaire, feront monter des prières de reconnaissance vers Dieu.

Méditation

L'un des plus grands défis auxquels l'être humain est confronté c'est de faire provision pour sa vie sur terre. Et, ici et là, les uns et les autres sont confrontés à la rareté de l'argent. Les besoins semblent submerger les moyens disponibles et les gens essaient d'accaparer un maximum alors qu'ils donnent un minimum. Beaucoup de chrétiens vivent cette même expérience. Or, Jésus a introduit une autre façon de faire. Pour Lui, ce sont les gens qui n'ont pas de relation avec Dieu qui se préoccupent de ces choses.

Effectivement, déjà dans l'Ancien Testament, le peuple de Dieu bénéficiait d'une promesse de provision dans le contexte de son alliance avec Dieu. Ils devaient faire confiance à Dieu, lui obéir et Lui s'engageait à les faire prospérer, exceller et réussir. Il bénissait leurs troupeaux, leur nourriture, toutes leurs entreprises et Il s'engageait à leur donner la capacité d'acquérir la richesse.

Jésus dans ce passage nous fait comprendre que nous, enfants de Dieu, avons un Père qui est conscient de nos besoins. Il nous a expliqué que les besoins matériels seront pourvus par Dieu, mais il faut Lui faire confiance et faire les choses à Sa manière. Nous devons d'abord nous préoccuper des choses concernant Son royaume, mettre notre relation avec Dieu en premier aussi bien que Ses affaires et Son œuvre et tout le reste nous sera ajouté.

Il y a donc besoin d'un changement de perspective. Alors que la majorité des gens focalisent leurs efforts sur la réponse à leurs besoins matériels et consacrent le peu de temps qui leur reste aux affaires du royaume, Dieu nous demande de faire l'inverse. C'est un changement radical de paradigme et une clef majeure pour vivre dans l'abondance financière.

Une autre clef de l'approvisionnement financier c'est de pourvoir aux besoins des autres et de l'œuvre de Dieu. L'apôtre Paul a reçu du soutien pour son ministère de la part des Philippiens et, à cause de leur contribution financière, il leur a donné la promesse que Dieu, en retour, allait les combler en pourvoyant à leurs besoins. À l'Église de Corinthe, il a expliqué un principe de semence et de moisson et aussi de multiplication des ressources financières. Alors qu'il leur rappelait le don qu'ils devaient faire, il a expliqué que c'était comme une semence. Le principe du royaume de Dieu c'est que ceux qui donnent reçoivent en retour, sont en mesure de pourvoir ainsi à leurs besoins et d'avoir un excédent pour faire preuve d'encore plus de générosité. Nous sommes tous gagnants.

Mais il faut appliquer ces principes pour les voir devenir réalité.

Questions

1. Quelle doit être notre préoccupation majeure ?
2. Notez quelques points concernant l'état de vos finances et présentez-les au Seigneur dans la partie suivante.

Prière

- Remerciez le Père pour Sa bienveillance.
- Remerciez le Père pour Son approvisionnement financier.
- Renoncez à toute inquiétude concernant vos finances.
- Engagez-vous à être généreux envers les autres et envers l'œuvre de Dieu.
- Engagez-vous à honorer le Seigneur avec votre dîme et vos offrandes.
- Engagez-vous à la droiture dans vos affaires financières.
- Demandez à Dieu la sagesse dans la gestion financière.
- Demandez la faveur de Dieu sur vos activités génératrices de revenus.
- Demandez-lui de vous donner la capacité d'entreprendre, de créer de la richesse et de travailler avec diligence.

Déclarations

Je déclare au nom de Jésus que :

1. Je ne m'inquiéterai plus jamais pour l'argent.

2. Mon Père sait ce dont j'ai besoin et Il pourvoit en abondance.

3. Je suis généreux et je donne en abondance.

4. Je pourvois aux besoins de l'œuvre de Dieu comme les Philippiens ont fait pour Paul.

5. Je suis fiable, Dieu peut compter sur moi pour bénir les autres.

6. Je sème et moissonne en abondance, j'ai suffisamment pour pourvoir à mes besoins et me montrer encore plus généreux.

7. Dieu donne de la semence au semeur et Il donne du pain à celui qui a faim, donc je reçois ma semence et je reçois mon pain au nom de Jésus.

8. Je déclare que cette année et au-delà je suis libre de tout souci financier parce que le système du royaume de Dieu va fonctionner dans ma vie.

9. Je vais honorer le Seigneur avec ma dîme et mes offrandes et Il va honorer Sa Parole à mon égard.

12

Je suis guéri de la déception

Versets

Psaumes 34.18-19 *Quand les justes crient, l'Éternel entend, et il les délivre de toutes leurs détresses. L'Éternel est près de ceux qui ont le cœur brisé, et il sauve ceux dont l'esprit est abattu.*

Ésaïe 40.28-29 (BDS) *Ne le sais-tu donc pas? Et n'as-tu pas appris que l'Éternel est Dieu de toute éternité? C'est lui qui a créé les confins de la terre. Il ne se lasse pas, il ne s'épuise pas, et son intelligence ne peut être sondée. Il donne de la force à qui est las et il augmente la vigueur de celui qui est fatigué.*

1 Jean 5.14-15 *Nous avons auprès de lui cette assurance : si nous demandons quelque chose conformément à sa volonté, il nous écoute. Et si nous savons qu'il nous écoute, quelle que soit notre demande, nous savons*

que nous possédons ce que nous lui avons demandé.

Colossiens 3.23-24 Tout ce que vous faites, faites-le de tout votre cœur, comme pour le Seigneur et non pour des hommes, sachant que vous recevrez du Seigneur un héritage pour récompense. [En effet,] le Seigneur que vous servez, c'est Christ.

1 Corinthiens 15.58 Ainsi, mes frères et sœurs bien-aimés, soyez fermes, inébranlables. Travaillez de mieux en mieux à l'œuvre du Seigneur, sachant que votre travail n'est pas sans résultat dans le Seigneur.

Romains 15.13 Que le Dieu de l'espérance vous remplisse de toute joie et de toute paix dans la foi, pour que vous débordiez d'espérance, par la puissance du Saint-Esprit !

Méditation

Un jour, assise à mon bureau, j'ai senti le Seigneur mettre ceci dans mon cœur : « Je vais te guérir de la déception. » J'ai attendu quelques instants avant de réagir. J'ai compris que lorsque quelque chose vient de Dieu il est toujours plus profond que ce que l'on imagine. Et, en ces quelques instants, j'ai compris pourquoi et je l'ai laissé faire. La déception nous vient à tous à un moment ou un autre de la vie et, lorsque l'on a une certaine maturité spirituelle, on peut relativiser et passer à autre chose. Toutefois, il convient de vérifier que des séquelles ne restent pas encore dans nos vies pour entacher notre futur, qu'aucune lassitude ne vient miner les projets de Dieu pour nous.

Nous avons tous des attentes, justifiées ou non, et les personnes et les situations ne respectent pas nécessairement nos attentes. Parfois, c'est une ingratitude, une trahison brutale, parfois une négligence. Quelqu'un que vous avez aidé à coup de grands sacrifices personnels vous tourne le dos et devient votre ennemi. Vous pouvez sauver quelqu'un de la mort et voir ensuite la personne se ranger du côté de ceux qui veulent votre mort. Les enfants peuvent être déçus lorsque les parents divorcent. Quelque chose va se présenter qui n'est pas à la hauteur de vos attentes et, parfois, la douleur ressentie est aiguë. À un moment ou un autre, quelqu'un va vous décevoir, une situation décevante va se présenter. Et cela fait mal, très mal.

Le risque c'est de sombrer dans la tristesse, l'amertume, le découragement ou, pire encore, le désespoir. On peut devenir aigri, ne plus croire en rien ni en personne. Les relations avec les autres en sont affectées. Certains n'osent plus entreprendre, ne veulent plus se donner pour les autres, traitent les gens avec méfiance. « Garde ton cœur plus que toute autre chose », nous exhorte le livre de Proverbes (Pr 4.23). Même quand vous ne semblez pas être affecté, il convient de ne pas prendre une déception à la légère, particulièrement si cela s'est produit alors que vous suiviez une instruction de Dieu. Ainsi vous évitez que quoi que ce soit, logé en vous, risque de faire naître en vous de mauvaises attitudes et de vous entraîner dans la désobéissance. On peut ainsi passer à côté de bonnes choses que Dieu a pour nous.

Que faire ? Se repentir si l'on y a contribué par une quelque action ou parole. Pardonner à ceux qui sont impliqués. Prier pour être libéré de la peine, de la détresse et de la frustration ressentie, car Dieu entend le cri de Ses enfants. Il est près de ceux qui ont le cœur brisé. Il restaure ceux qui sont abattus et Il les délivre de leurs détresses. Prier pour que le cœur soit préservé du désespoir, de l'amertume et de la méfiance, pour être rempli de joie, de paix et d'espérance. Prier pour la restauration et pour de nouvelles et meilleures opportunités, de nouvelles et meilleures relations. Choisir de lâcher et d'avancer. Prier pour que Dieu vous rende ferme et inébranlable. Croire que Dieu vous réserve un avenir meilleur, qu'il y a une récompense pour votre obéissance, que vous ne suivez et ne servez pas Dieu en vain.

De temps en temps, les pensées viennent pour vous rappeler le passé et vous donner l'impression qu'il n'y a plus grande chose à attendre du futur. Comment faire pour continuer à progresser ? Il faut refuser de le croire, car Dieu a toujours pour les siens « un avenir et une espérance ». Continuer à méditer la Parole de Dieu pour s'imprégner de Sa bonté et de Sa bienveillance. Écouter le Saint-Esprit pour pouvoir prendre les bonnes décisions, faire les bons choix de situations et de personnes. Faire preuve de miséricorde, modérer ses attentes sachant que l'être humain est faillible et imparfait et beaucoup sont de surcroît faibles. Se jeter dans toute instruction de Dieu, ferme et inébranlable. Adopter une vie de prière soutenue afin de surmonter facilement les situations décevantes futures. Nous avons la garantie que nous pouvons tout demander conformément à Sa volonté et être certains de recevoir. Merveilleux Jésus.

Questions

1. Quels sont les domaines où vous avez été déçus ?
2. Notez une promesse de Dieu qui couvre chacun de ces domaines.

Prière

- Demandez pardon à Dieu pour tout manquement de votre part qui a pu contribuer à de la déception.
- Pardonnez s'il y a lieu à ceux impliqués dans la situation qui vous a causé de la déception.
- Renoncez à la déception, à l'amertume, la tristesse et tout ce qui va avec.
- Demandez à Dieu de « restaurer votre âme », de vous guérir, d'effacer vos larmes, d'enlever la lassitude et de vous consoler.
- Demandez qu'Il restaure votre optimisme, votre engouement, votre foi de nouveau, votre vigueur.
- Demandez qu'Il vous rende fort, ferme et inébranlable.
- Demandez qu'Il vous remplisse de joie et de paix, que vous débordiez d'espérance.
- Engagez-vous à vivre comme Il veut, en suivant de nouveau Ses instructions, en entreprenant des projets divins sans hésitation.

Déclarations

Je déclare au nom de Jésus que :

1. Je bénis mon Dieu, car Il m'a libéré de la déception.
2. Toute trace d'amertume, de désespoir, de tristesse ou de lassitude a disparu de ma vie pour toujours.
3. Mon Dieu est le Dieu de l'espérance, j'ai l'espérance

pour mon présent et mon futur.

4. Mon cœur est guéri, mon âme est restaurée par la puissance du Saint-Esprit.

5. Je déborde de joie et de paix et j'entreprends avec vigueur et foi les projets de Dieu.

6. Ce qui devait me nuire a tourné à mon avantage.

7. Je suis ferme, inébranlable et décidé à faire toute la volonté de Dieu sans hésitation.

8. Je sers Dieu de tout cœur et j'aurai une récompense du Seigneur.

9. Tout ce que je fais dans l'œuvre du Seigneur va porter des fruits.

13

Je suis guéri et en bonne santé

Versets

Exode 23.25-26 (BDS) Vous rendrez votre culte à l'Éternel votre Dieu. Alors je vous bénirai en vous donnant une nourriture excellente et de l'eau en abondance, et je vous préserverai des maladies. Il n'y aura pas dans votre pays de femme qui avorte ou qui soit stérile. Je vous ferai parvenir à un âge avancé.

Esaïe 53.4-5 (BDS) Pourtant, en vérité, c'est de nos maladies qu'il s'est chargé, et ce sont nos souffrances qu'il a prises sur lui, alors que nous pensions que Dieu l'avait puni, frappé et humilié. Mais c'est pour nos péchés qu'il a été percé, c'est pour nos fautes qu'il a été brisé. Le châtiment qui nous donne la paix est retombé sur lui et c'est par ses blessures que nous sommes guéris.

Jacques 5.14-16 (BDS) L'un de vous est-il malade ? Qu'il appelle les responsables de l'Église, qui prieront pour lui, après lui avoir fait une onction d'huile au nom du Seigneur. La prière faite avec foi sauvera le malade et le Seigneur le relèvera. S'il a commis quelque péché, il lui sera pardonné. Confessez vos péchés les uns aux autres et priez les uns pour les autres, afin que vous soyez guéris. Quand un juste prie, sa prière a une grande efficacité.

Méditation

Un jour, un lépreux est venu vers Jésus et Lui a dit : « Si tu le veux, tu peux me rendre pur. » Jésus l'a regardé, ému de compassion, a répondu qu'Il le voulait, l'a touché et l'a guéri immédiatement. Un autre jour, Il a vu une veuve dont le fils venait de mourir et était sur le point d'être enterré. Il était ému de compassion et a ramené le garçon à la vie. La compassion de Dieu pour nous est extraordinaire. Et, à chaque fois que les gens sont venus demander la guérison à Jésus, Il l'a fait. Il n'a pas guéri tous les malades en Israël, mais Il a guéri tous ceux qui sont venus vers Lui pour demander la guérison. *La guérison est donc disponible parce qu'elle reflète la compassion de Dieu qui n'a pas changé.*

Déjà sous l'Ancienne Alliance, Dieu a démontré clairement Sa volonté de garder Ses enfants en bonne santé. Il a fait la promesse dans Exode 23 que, si Son peuple Le servait fidèlement, Il bénirait et enlèverait la maladie du milieu d'eux et leur donnera longue vie. Cette promesse est compréhensive et couvre tout le peuple de Dieu sans exception et toutes les maladies. Le psalmiste en parlant de Dieu Le décrit comme celui qui « guérit toutes tes maladies ». Par conséquent, ce que Jésus a fait sur la terre c'est une manifestation naturelle du cœur de Dieu.

Il est vrai que même dans l'histoire du peuple de Dieu, cela n'a pas été vécu parfaitement. Des personnes comme Élisée, pourtant utilisé puissamment pour des miracles, sont mortes de maladie. Après son décès, un cadavre que l'on a laissé tomber sur ses ossements est revenu à la vie. Paul avait un compagnon malade que Dieu a sauvé de la mort, Épaphrodite. Il était l'émissaire de l'Église de Philippe qui avait apporté de l'aide financière à Paul. Il a travaillé pour le Seigneur au point où sa santé en a pâti. Mais Dieu l'a restauré. Quiconque se trouve malade ne doit donc pas se laisser culpabiliser ou devenir désespéré. En cette occasion, la prière de Paul a été exaucée et Épaphrodite a retrouvé la forme. Nous devons croire que nos prières seront exaucées également.

Nous apprenons par Pierre dans Actes 10.38 que Jésus était oint du Saint-Esprit et de puissance et qu'Il allait partout faisant du bien et guérissant tous ceux qui étaient opprimés par le diable, car Dieu était avec Lui. Ce que Jésus a fait sur la Terre est aussi un avant-goût de ce qui sera le lot de chaque chrétien après la croix. En effet, Ésaïe 53 démontre que Jésus, sur la croix, s'est chargé et de nos péchés et de nos maladies. Chaque chrétien né de nouveau a donc le droit et la possibilité de vivre en bonne santé. Il nous incombe de saisir cette révélation dans la Parole de Dieu et d'apprendre à vivre pleinement cette réalité.

L'apôtre Jacques ne laisse pas de doute à ce sujet, car il affirme que la prière de la foi sauvera la personne malade. Il exhorte les chrétiens à prier les uns pour les autres afin qu'ils soient guéris. Pour les convaincre, Il explique que la prière du juste est extrêmement efficace en donnant l'exemple d'Élie qui par sa prière a contrôlé la pluie. Nous, de la même façon, pouvons par la prière obtenir la guérison pour une personne malade et pour nous même. La bonne santé n'est donc pas automatique, quoique disponible, et demande un investissement personnel dans la Parole et dans la prière.

Questions

1. Qu'est-ce qui vous permet de croire aujourd'hui que Dieu vous guérira ?
2. Quel est le lien entre la compassion de Dieu et la guérison ?

Prière

- Remerciez Dieu pour Sa compassion pour les malades.
- Remerciez-Le pour la croix et le fait que Jésus ait porté vos maladies sur la croix.
- Demandez à Dieu la révélation de Sa Parole concernant la guérison.
- Si vous avez besoin de guérison, déclarez votre foi dans Sa puissance pour guérir.
- Demandez à Dieu que Sa puissance pour guérir vous touche et que vous soyez guéri.
- Remerciez-Le parce que vous croyez qu'Il vous a entendu et vous a guéri.
- Ordonnez aux symptômes de partir au nom de Jésus et à votre corps de manifester la guérison.
- Ordonnez à l'esprit d'infirmité de vous quitter, au

nom de Jésus.

- Louez Dieu en continu jusqu'à ce que les symptômes disparaissent.
- Chaque jour, déclarez sur vous-même la guérison et la bonne santé.
- Annulez tout projet d'affliction, de maladie et déclarez que, par les meurtrissures de Jésus, vous avez été guéri.
- Demandez au Seigneur la longue vie. Paralysez tout esprit de mort voulant agir contre votre vie. Déclarez que vous ne mourrez pas avant l'heure.

Déclarations

Je déclare au nom de Jésus que :

1. Je prends au sérieux ma santé et je marche dans la révélation de la volonté de Dieu.

2. Je sais que Dieu a pitié de moi et veut que je sois en bonne santé.

3. Je sais que Dieu a la puissance pour me guérir. Je crois que ma prière pour la guérison est puissante et efficace.

4. Je crois, par la Parole de Dieu, que Jésus a porté mes maladies et mes souffrances sur la croix et m'en a libéré.

5. Je crois et je déclare que, par Ses meurtrissures, j'ai été guéri. Donc, je reçois la guérison, la libération

et la délivrance. Tout agent biologique de maladie disparaît de mon corps.

6. Des afflictions de longue date me quittent comme elles ont quitté l'homme à côté de la piscine de Bethesda à l'arrivée de Jésus. Des afflictions émotionnelles me quittent, je suis restauré et émotionnellement stable.

7. Je ne serai plus opprimé par le diable. J'ordonne à tout esprit d'infirmité de me quitter pour toujours. J'annule toute activité démoniaque dans ma vie et dans mon corps. Tout ce qui a été déposé en moi et qui n'est pas de Dieu disparaît, au nom de Jésus.

8. Par la puissance du Saint-Esprit, je serai rassasié de jours heureux. Je vivrai, je ne mourrai pas et je raconterai la louange du Seigneur.

9. Je libère la vie sur mon corps, de la tête jusqu'à la pointe des pieds, la vie sur mes organes, mes muscles, mes membres, mon sang, mes os et sur toute cellule de mon corps.

10. J'ordonne à chaque système de mon corps de fonctionner à merveille. Je proclame la restauration totale dans mon être.

11. Je ne serai plus jamais malade. Mon témoignage à partir de maintenant, c'est la bonne santé et le bien-être corps, âme et esprit, au nom de Jésus.

14

Je vais accomplir ma destinée

Versets

Actes 13.36 Or, après avoir dans sa propre génération été au service de la volonté de Dieu, David est mort, a rejoint ses ancêtres.

2 Timothée 4.7-8 J'ai combattu le bon combat, j'ai terminé la course, j'ai gardé la foi. Désormais, la couronne de justice m'est réservée. Le Seigneur, le juste juge, me la remettra ce jour-là, et non seulement à moi, mais aussi à tous ceux qui auront attendu avec amour sa venue.

Genèse 45.7-9 Dieu m'a envoyé ici avant vous pour vous permettre de subsister dans le pays et pour vous faire vivre en vous accordant une grande délivrance. Ce n'est donc pas vous qui m'avez envoyé ici, c'est Dieu. Il m'a établi père du pharaon, seigneur de toute sa maison et gouverneur de toute l'Égypte. Dépêchez-vous de remonter vers mon père pour lui annoncer :

«Voici ce qu'a dit ton fils Joseph : Dieu m'a établi seigneur de toute l'Égypte. Descends vers moi sans tarder ! »

Méditation

Accomplir sa destinée c'est atteindre la destination que Dieu a choisie pour nous en nous conformant à Ses desseins et Ses principes et en bénéficiant de Ses promesses. Accepter le choix de Dieu pour nos vies est le premier pas dans l'accomplissement de notre destinée. Nous avons vu l'exemple de David, de Paul, de Jérémie, et d'autres. Le roi Saul n'a pas accompli sa destinée en dépit du fait qu'il a accédé à la royauté, parce que Dieu l'avait rejeté.

Lorsque Dieu a voulu faire oindre David comme roi, Il a dit le concernant que c'était un homme selon son cœur qui fera toute sa volonté. Et lorsque Samuel est allé lui annoncer la nouvelle, il l'a acceptée. Mais ensuite, il est passé par un processus de maturation et de combats avant de voir les prophéties se réaliser. La vie de David a été tout sauf facile, il a beaucoup trébuché, beaucoup combattu, mais il a atteint son but.

En dépit des persécutions et des tribulations vécues, il y est parvenu et a bâti un royaume solide à la gloire de Dieu. Il est dit de lui que, dans sa génération, il a été au service de la volonté de Dieu. Voici la description de quelqu'un qui a accompli sa destinée. En effet, la valeur de nos vies réside dans sa correspondance avec la volonté de Dieu.

David était parti pour être berger, mais Dieu l'a destiné à la royauté. Contrairement à Saul, il n'est pas arrivé rapidement au trône, il a dû attendre longtemps, errer, souffrir, en dépit du soutien et de la prophétie de Samuel.

Certains pouvaient penser que c'était un illuminé, un aventurier, un rebelle, mais Dieu a accompli la promesse. La vision a tardé, mais elle s'est accomplie certainement.

Concernant Jérémie, Dieu lui a fait comprendre qu'Il le connaissait avant même qu'il ne vienne au monde et l'avait destiné à exercer la fonction de prophète. Sans cette révélation de Dieu, sa vie aurait pris une autre direction. Il devait être prêtre, mais il est devenu prophète à une période où il s'est retrouvé en porte à faux avec les dirigeants. Toutefois il a été au service de la volonté de Dieu et il a accompli sa destinée. C'est par lui que Dieu a fait dire à son peuple en captivité la conduite à avoir, la durée de la captivité et la grande bienveillance de Dieu qui allait encore se manifester. C'est par lui qu'ils ont su que Dieu leur réservait encore des projets de bonheur et non de malheur pour leur donner un avenir plein d'espérance. Il a joué un rôle capital dans cette période de l'histoire du peuple de Dieu.

Il en va de même pour l'apôtre Paul qui a vécu obsédé par la volonté de Dieu pour sa vie, par le désir de gagner des âmes et de vivre de telle sorte que Christ soit glorifié par sa vie. Alors que sa vie tirait vers la fin, il a eu cette phrase puissante : « J'ai combattu le bon combat, j'ai terminé la course, j'ai gardé la foi. Désormais, la couronne de justice m'est réservée. » Il avait conscience d'avoir fait de sa vie exactement ce que Dieu voulait et d'être positionné pour recevoir une ample récompense du Seigneur.

C'est le même désir qui doit animer chacun de nous, le désir de vivre au service de la volonté de Dieu et, ce faisant, d'accomplir notre destinée.

Questions

1. À qui vous identifiez-vous — Paul, David ou Jérémie ?
2. Pourquoi ?

Prière

- Remerciez Dieu pour la grande destinée qu'Il a préparée pour vous.

- Soumettez-vous à Son plan, déclarez votre acceptation de Ses choix.

- Engagez-vous à tenir ferme dans l'adversité, à ne pas revenir en arrière.

- Demandez qu'Il vous équipe pour servir Sa volonté dans votre génération.

- Demandez qu'Il vous donne un esprit d'obéissance afin de ne pas désobéir à la vision céleste.

- Demandez que toute force des ténèbres qui agit contre votre destinée soit totalement neutralisée.

- Anéantissez toute oppression, toute dépression, tout découragement et tout désespoir sur le chemin de votre destinée.

- Demandez que tout objet vous appartenant utilisé comme point de contact avec vous pour hypothéquer votre destinée soit neutralisé.

- Demandez le jugement de Dieu contre tout homme fort qui attaque votre destinée et l'onction de Dieu sur votre vie.

- Demandez que tout ce qui a été retardé, le mariage,

la percée, le ministère, la carrière, etc., connaisse une accélération fulgurante.

- Demandez à Dieu de vous accorder la faveur avec tous ceux qui doivent vous aider pour l'accomplissement de votre destinée.

- Demandez d'être libéré de traits de caractère qui font obstacle à votre destinée.

- Demandez la restauration de tout ce que vous aviez perdu, de toutes les années perdues.

Déclarations

Je déclare au nom de Jésus que :

1. Mon Dieu est Dieu. Il est puissant en force et en conseil. Il accomplit toutes choses conformément à Sa volonté. Il en est et sera toujours ainsi dans ma vie.

2. Par conséquent, je renonce à toute considération concernant ma destinée qui n'est pas de Dieu.

3. J'accepte l'appel de Dieu sur ma vie. Je déclare que je vais servir toute la volonté de Dieu dans ma génération.

4. Par la puissance du Saint-Esprit, toute force, toute puissance qui agit contre ma destinée est anéantie au nom de Jésus. Je paralyse toute force des ténèbres qui se tient contre ma destinée.

5. À partir de maintenant, je vais accomplir ma destinée ; tout ce que Dieu a prévu pour ma vie sera accompli.

Toute parole de Dieu me concernant viendra à l'accomplissement comme pour Marie.

6. Je crois que rien n'est trop difficile pour Dieu, par conséquent tout obstacle à ma destinée est balayé, au nom de Jésus.

7. Ma vie suivra le schéma divin à la lettre. Je ferai de ma vie exactement ce que Dieu veut.

8. Je vais achever ma course dans la joie et j'obtiendrai la couronne de gloire

15

Je vais accomplir ma destinée (2)

Versets

Actes 26.19 (BDS) Ainsi, ô roi Agrippa, je n'ai pas désobéi à cette vision venue du ciel.

Actes 13.36 Or, après avoir dans sa propre génération été au service de la volonté de Dieu, David est mort, a rejoint ses ancêtres.

Éphésiens 6.10 Enfin, mes frères et sœurs, fortifiez-vous dans le Seigneur et dans sa force toute-puissante.

Proverbes 9.10 « Le commencement de la sagesse, c'est la crainte de l'Éternel. La connaissance du Dieu saint, voilà en quoi consiste l'intelligence. »

Matthieu 28.19-20 « Allez [donc], faites de toutes les nations des disciples, baptisez-les au nom du Père, du Fils et du Saint-Esprit et enseignez-leur à mettre en pratique tout ce que je vous ai prescrit. Et moi, je suis avec vous tous les jours, jusqu'à la fin du monde. »

Genèse 39.2 *L'Éternel fut avec Joseph et la réussite l'accompagna.*

Méditation

Préparez-vous sur le chemin de votre destinée à affronter des défis majeurs et apprenons de ces quelques points ce qui a permis à David en dépit de ses imperfections et erreurs de finir ses jours heureux et satisfaits.

1. Dieu était avec lui. Il était évident dès le début que Dieu était avec lui, à tel point que son ennemi Saul a dû le reconnaître. Obtenir l'approbation de Dieu est la chose la plus importante pour vous. Faites tout pour être sûr que vous êtes là où Dieu vous veut et qu'Il est avec vous. C'était le secret de Moïse, de Joseph et aussi de Paul.

2. Il a accepté son appel. C'était une grande responsabilité pour un jeune homme, mais il l'a accepté. Dieu nous a appelés à faire des nations des disciples, c'est la grande œuvre à laquelle chaque chrétien est appelé. Allez-vous l'accepter ?

3. La force et le courage. David était un vaillant guerrier et a pu affronter la dureté de la vie dans le désert, l'incertitude de son existence, la charge de conduire des centaines d'hommes avec leurs familles dans un style de vie instable. Et ensuite il a dû régner et assurer le bien-être d'une nation entourée d'ennemis. Arriver à sa destination nécessite de la force mentale, émotionnelle et spirituelle. Contrer l'opposition na-

turelle et spirituelle aussi ; ainsi Éphésiens 6 nous exhorte à nous fortifier dans le Seigneur.

4. Un entourage solidaire et vaillant et des aides sur le chemin. David avait son équipe de choc. Des hommes de tout genre se sont rassemblés autour de David et il en a fait des soldats de première catégorie. Des chefs de guerre l'ont rejoint et il a bénéficié de l'estime et du soutien d'hommes courageux. Abishaï le frère de Joab a répondu à l'appel de David pour aller dans le camp de Saul avec lui, mettant ainsi sa propre vie en danger. Vous avez besoin autour de vous de gens qui ont le courage nécessaire pour faire les choses que vous serez appelé à faire.

5. La révélation de la grandeur et la faveur de Dieu. David était habité par la conscience suprême de la grandeur de son Dieu et il savait qu'il bénéficiait de la faveur de Dieu.

6. Les yeux rivés sur la destination. David savait quelle était sa destination, le trône d'Israël, il savait qu'il était appelé et qu'en suivant le plan de Dieu il allait y parvenir. En dépit des vicissitudes de son existence, il n'a pas choisi d'abandonner la royauté et de laisser son ami Jonathan succéder à son père, pour « avoir la paix ».

7. Un adorateur et un amoureux de Dieu. Lorsque l'on est amoureux de Dieu, on ne se donne pas la possibilité de vivre autrement que selon Son cœur. L'adoration, l'intimité avec Dieu nourrissent une relation

tellement intense avec Dieu que l'on devient passionné de Sa volonté. Le psaume 27 révèle le cœur de David pour Dieu et la confiance en Dieu que cela engendre. Son adoration était aussi une puissante arme contre Satan. Avant même son accession au trône, c'était grâce à la musique qu'il jouait et parce qu'il était oint que le mauvais esprit quittait Saul.

8. Se laisser conduire par Dieu. Dieu connaît la destination et l'Esprit saint qui nous a été donné nous indique le chemin et les choix à chaque étape. Dans le cas de David, il demandait régulièrement à Dieu ce qu'il convenait de faire dans différentes situations de sa vie et Dieu lui répondait. Lorsque nous sommes conduits ainsi, nous bénéficions en plus de l'encouragement de Dieu sur le chemin.

9. La crainte de Dieu. David avait la crainte de Dieu et cela lui a réussi. C'est la raison pour laquelle il ne s'est pas permis de mettre la main sur Saul, qui, pour lui, était l'oint de Dieu. Il était fou, méchant et meurtrier, mais oint de Dieu. Il a attendu son tour et ne s'est pas laissé convaincre par ses camarades de tuer Saul. Il savait que Dieu était capable de le tuer quand Il estimerait qu'il était temps. De nos jours, beaucoup s'en prennent aux serviteurs de Dieu pour les plus légères divergences de doctrine en pensant faire preuve de zèle pour Dieu, alors que cela ne révèle que l'absence de crainte de Dieu. La sagesse dont il a fait preuve tout au long de sa vie découlait de cette crainte de Dieu.

10. La soumission à Dieu. Ceci est un point capital dans la vie de David. On le voit accepter courageusement les épreuves, on le voit danser devant Dieu jusqu'à provoquer le mépris de son épouse. Et on le voit s'humilier devant Dieu dans l'affaire de Bath-Shéba et accepter la mort de l'enfant conformément à la volonté de Dieu. Dans d'autres situations de sa vie, il s'est soumis à Dieu et a obéi à ses instructions. Lorsqu'il péchait, il était prompt à se repentir. L'obéissance et l'humilité sont essentielles pour accomplir notre destinée, car Dieu résiste à ceux qui sont orgueilleux.

11. La générosité envers Dieu. David voulait construire une maison pour le Seigneur alors que Dieu ne lui avait rien demandé. Et Dieu l'a honoré. Ensuite, il s'est arrangé, tout en sachant qu'il ne pouvait pas construire la maison, pour pourvoir massivement au temple que son fils allait construire. Et il ne s'en est pas vanté, il a dit à Dieu que tout ce qu'il avait donné venait de Ses mains. Quel contraste avec beaucoup de chrétiens aujourd'hui qui cherchent à garder le maximum pour eux et donner le minimum à Dieu !

12. Des hommes et des femmes de destinée. Non seulement David avait des guerriers, des hommes vaillants et courageux qui combattaient avec lui, Dieu l'a particulièrement béni en mettant des gens sur son chemin qui contribuaient à son avancement à chaque étape. Il avait des aides sur le chemin, des agents de sa destinée. Il y a ceux qui l'ont recommandé, celui qui l'a oint, ceux qui ont combattu avec lui, ceux qui

ont pourvu à ses besoins et ainsi de suite. Chacun devrait prier pour rencontrer les bonnes personnes et qu'elles soient favorablement disposées vis-à-vis de lui pour l'aider sur son chemin.

Questions

1. Lesquels de ces traits est-ce que vous reconnaissez ne pas posséder pour l'instant ?
2. Qu'allez vous faire pour les acquérir ?

Prière

- Remerciez Dieu encore pour la grande destinée qu'Il a préparée pour vous.
- Demandez qu'Il vous change à l'intérieur afin de ne pas être vous-même la pierre d'achoppement.
- Remerciez le Seigneur de ce que Jésus a promis d'être avec vous jusqu'à la fin des temps. Engagez-vous à rester avec Lui.
- Demander que vous soyez fortifié puissamment dans votre for intérieur. Que Dieu vous ceigne de force et vous rende persévérant.
- Priez pour être focalisé sur votre destination, sans distraction et sans faiblir.
- Demandez que le Père vous révèle les secrets de votre vie et les mystères de votre existence.
- Criez à Dieu pour qu'Il vous donne la crainte de Dieu, pour qu'Il fasse de vous un véritable adorateur.
- Priez pour un entourage d'hommes et de femmes vi-

sionnaires, sages et forts ; que Dieu place sur votre chemin des personnes de destinée qui vous aideront à passer à l'étape supérieure.

- Demandez d'être conduit par le Saint-Esprit.
- Demandez que toute puissance qui veut contrecarrer votre destinée soit consumée par le feu.
- Engagez-vous à être généreux envers Dieu et à œuvrer pour l'avancement de Son Église.

Déclarations

Je déclare au nom de Jésus que :

1. Je suis sur le chemin de ma destinée et je vais arriver à destination.

2. Je me soumets à Dieu en toutes choses, à Sa pensée, à Sa direction et à Son Esprit. J'honore et j'ai la crainte de Dieu.

3. Je suis conduit par l'Esprit de Dieu. Je sais quoi faire, penser ou dire à chaque instant.

4. Je suis fortifié dans mon for intérieur. J'ai l'audace et la capacité de surmonter toute circonstance.

5. Je reçois toute la provision nécessaire sur le chemin de ma destinée, je ne serai pas démuni.

6. Je suis focalisé sur ma destination, je ne me laisse pas distraire.

7. J'honore mes responsables et les oints de Dieu ; Dieu

me donne les bonnes personnes dans ma vie à chaque instant.

8. Je suis généreux envers la maison de Dieu, je donne abondamment et je moissonne abondamment.

9. Je suis passionné de Dieu et je vis uniquement pour faire Sa volonté.

10. Dieu avait un plan merveilleux pour ma vie avant même ma conception et il s'accomplira.

16

Je suis libéré de la résignation

Versets

Exode 3.11,13 *Moïse dit à Dieu : « Qui suis-je, moi, pour aller trouver le pharaon et pour faire sortir les Israélites d'Égypte ? » Moïse dit à Dieu : « J'irai donc trouver les Israélites et je leur dirai :"Le Dieu de vos ancêtres m'envoie vers vous." Mais s'ils me demandent quel est son nom, que leur répondrai-je ? »*

Exode 4.1,10,13 *Moïse répondit : « Ils ne me croiront pas et ne m'écouteront pas. Au contraire, ils diront :"L'Éternel ne t'est pas apparu."» Moïse dit à l'Éternel : « Ah, Seigneur, je ne suis pas un homme doué pour parler et cela ne date ni d'hier ni d'avant-hier, ni même du moment où tu as parlé à ton serviteur. En effet, j'ai la bouche et la langue embarrassées. » Moïse dit : « Ah, Seigneur, envoie quelqu'un d'autre que moi ! »*

Exode 14.13-14 Moïse répondit au peuple : « N'ayez pas peur, restez en place et regardez la délivrance que l'Éternel va vous accorder aujourd'hui. En effet, les Égyptiens que vous voyez aujourd'hui, vous ne les verrez plus jamais. C'est l'Éternel qui combattra pour vous. Quant à vous, gardez le silence ! » Exode 3-4

Méditation

Nous avons fait ressortir quelques passages de l'échange de Moïse avec Dieu, mais nous vous proposons de lire tous les chapitres 3 et 4 afin de bien saisir la puissance de cet échange. Voici un homme qui est considéré aujourd'hui comme l'un des individus qui ont marqué l'histoire de l'humanité, mais à un moment donné il s'était résigné à une vie de médiocrité. Sa vie était correcte, il avait une famille et un travail. Toutefois, c'était à des années-lumière des circonstances dans lesquelles il avait grandi et des rêves qu'il avait quand il était jeune.

Il sentait probablement qu'il n'avait pas été élevé au palais pour rien alors que son peuple était esclave. Il devait savoir que, alors que des centaines de bébés de sa génération n'avaient pas survécu, lui avait été miraculeusement tiré de l'eau pour devenir le fils de la sœur de Pharaon. Toute son existence était un témoignage à la grandeur et à l'omnipotence de Dieu. Il avait le sens de la justice et s'est lancé en libérateur pour protéger un israélite et a tué un Égyptien. Mais il n'était pas prêt, car l'affaire est ressortie, il a pris peur, il a échoué et, face à la menace de la loi, il a tout abandonné.

Devenu fugitif, il a trouvé refuge au loin. Il a recommencé sa vie ailleurs et s'est établi. De longues années après sa fuite de l'Égypte, il était bien installé dans sa vie de berger, de père de famille. On peut imaginer que tous les espoirs qu'il nourrissait s'étaient progressivement effacés pendant ces longues années loin de l'Égypte. Sa vie en Égypte, son énergie d'antan devaient être pour lui un souvenir éloigné. L'homme avait changé.

C'est là où Dieu arrive sur la scène et lui donne une mission. À ce stade, il n'est plus disponible et il essaie de trouver des prétextes. Il se trouve incapable, incompétent, ça n'allait pas marcher. Il essaie de s'esquiver, mais sans succès. On a tendance à oublier la réticence de Moïse. Voyons quelques-unes de ses objections :

- Qui suis-je pour aller dire à Pharaon de laisser partir le peuple ?
- Ils vont me demander qui m'est apparu. Qu'est-ce que je leur dirai ?

Dieu lui dit quoi dire en affirmant « Ils te croiront. » En guise de réponse, il dit :

- Ils ne me croiront pas.
- Je n'ai jamais été doué pour parler.

Dieu répond à chaque objection. Il n'y a plus de raison objective de refuser après toutes les garanties que Dieu donne, mais, moralement, l'homme ne le sent pas, donc il finit par lâcher :

- « Ah, Seigneur, envoie quelqu'un d'autre que moi ! »

Toutefois, Dieu a insisté. Moïse a capitulé, il a vaincu la résignation et a pu, par la puissance de Dieu, accomplir de grands exploits. Par lui, Dieu a mis la plus grande civilisation de l'époque à genou. Il a pu libérer le peuple de Dieu de siècles d'esclavage, les conduire pendant 40 ans dans le désert sans perdre la raison et voir la Terre promise de loin. Grâce à lui, son peuple a pu bénéficier d'un système religieux qui leur permettait d'entretenir une relation avec Dieu et qui préfigurait le sacrifice de Christ. Il a marqué sa génération comme nul autre. Et pourtant à un moment donné il s'était résigné.

Mais il en est sorti parce qu'il a écouté et il a obéi. Nous aussi, pour sortir de la résignation, nous devons nous présenter devant Dieu dans Sa Parole et dans la prière ; revoir les rêves, les instructions que Dieu avait données, écouter de nouvelles directives et choisir d'obéir et d'y aller. Moïse y est allé et le reste de l'histoire est connu de tous. Votre passé n'est pas le témoignage de votre futur, votre obéissance est le prophète de votre destinée. Elle va parler pour vous, elle va déclencher et la faveur et la puissance de Dieu.

Trop souvent, nous imaginons que nous sommes en dehors de la volonté de Dieu parce que nous avons échoué à quelque chose. Et même lorsque nous entendons Dieu, nous pouvons penser que nous n'avons plus du tout ni l'énergie, ni la volonté, ni la foi pour recommencer. La résignation est un tueur de destinées. Dès lors que vous savez que quelque chose est la volonté de Dieu, choisissez d'engager la foi, de vous lever pour recommencer jusqu'à obtenir la victoire pleine et entière. Faites un peu le bilan de votre vie, est-ce que vous vous êtes résigné à l'échec dans tel ou tel domaine ? Il est temps de reprendre la marche de la foi.

Questions

1. Suite à votre bilan, notez les domaines où vous vous êtes laissé gagner par la résignation.

2. Notez les prétextes que vous donnez à Dieu pour ne pas faire, ensuite barrez-les.

Prière

- Remerciez Dieu pour Ses bons projets vous concernant.
- Repentez-vous si vous vous êtes laissé gagner par la résignation.
- Faites de nouveau une consécration de votre vie au Seigneur.
- Demandez à Dieu de vous délivrer de la résignation et de l'apathie.
- Ordonnez aux esprits de découragement et de résignation de vous quitter, avec fermeté.
- Demandez à Dieu de vous saturer de nouveau de la révélation de Ses projets.
- Engagez-vous à poursuivre Son plan sans relâche.
- Demandez qu'Il vous fortifie pour ne plus jamais vous résigner.
- Demandez-lui de vous remplir de joie dans l'obéissance.
- Demandez au Père de restaurer les saisons et les années perdues.

Déclarations

Je déclare au nom de Jésus que :

1. Je renonce à la résignation et à la pitié sur moi-même.

2. Je suis libéré de la résignation. Je ne recule plus devant les circonstances adverses.

3. Je crois que mon Père n'a que des projets de bonheur pour moi. Je ferme la porte aux échecs du passé, je me distancie des défis du présent et j'épouse la promesse de Dieu pour le futur.

4. Je suis rempli de force et d'audace pour avancer jusqu'à accomplir les buts de Dieu.

5. Les obstacles que je vois aujourd'hui disparaissent devant moi.

6. Quelle que soit la chose qui a miné mon existence, qui a nui à ma vie, je choisis par la foi de faire la volonté de Dieu, au nom de Jésus.

7. Tout esprit de découragement, de résignation et de dépression disparaît de ma vie.

8. Toute puissance qui m'encourage à la passivité est brisée.

9. Je pense comme Dieu pense, je vois ma vie comme Dieu la voit.

10. Désormais, tout ce que Dieu va me demander de faire, je vais me lever avec audace et je vais le faire.

11. Je ne me laisse pas décourager par les obstacles, les persécuteurs et les oppresseurs, je les poursuis et je les mets hors d'état de nuire.

12. C'est un nouveau jour pour moi, les années perdues sont restaurées, au nom de Jésus. Maintenant, c'est l'accélération.

17

Je vis dans la victoire

Versets

Josué 10.8 (BDS) L'Éternel dit à Josué : — N'aie pas peur de ces rois, car je te donne la victoire sur eux ; aucun d'eux ne pourra te résister.

Romains 8.31,37 (BDS) Que dire de plus ? Si Dieu est pour nous, qui se lèvera contre nous ? Mais dans tout cela nous sommes bien plus que vainqueurs par celui qui nous a aimés.

1 Jean 5.3-5 En effet, l'amour envers Dieu consiste à respecter ses commandements. Or, ses commandements ne représentent pas un fardeau, puisque tout ce qui est né de Dieu remporte la victoire contre le monde, et la victoire qui a triomphé du monde, c'est votre foi. Qui est victorieux du monde ? N'est-ce pas celui qui croit que Jésus est le Fils de Dieu ?

Ésaïe 40.29-31 Il donne de la force à celui qui est fatigué et il multiplie les ressources de celui qui est à bout. Les adolescents se fatiguent et s'épuisent, les jeunes gens se mettent à trébucher, mais ceux qui comptent sur l'Éternel renouvellent leur force. Ils prennent leur envol comme les aigles. Ils courent sans s'épuiser, ils marchent sans se fatiguer.

Méditation

Le langage de Dieu est le langage de la victoire, de la puissance et de la force. Dieu par Sa nature est omnipotent, Sa capacité d'action n'a pas d'égal et tout ce qui existe Lui est inférieur et assujetti. Il n'a pas de concurrent ni de force d'opposition égale à Lui-même. Tout ce que l'être humain craint Lui est assujetti. Cela fait réfléchir. Il a créé l'homme à Son image et lui a donné la capacité de dominer sur tout. Depuis, la chute a entaché cette gloire, mais tous ceux qui ont marché avec Dieu ont bénéficié de Sa force et ont par conséquent vécu dans la victoire. Dieu révèle Son plan à l'être humain et, dès lors que l'être humain l'accepte, Dieu, Lui, déploie la puissance nécessaire pour l'accomplir.

Il voulait libérer Son peuple de l'Égypte, Il a trouvé une personne, Moïse, lui a révélé Son plan, Moïse a accepté et Il a libéré Sa puissance pour l'accomplir. Quelle puissance spectaculaire ! Systématiquement, sous l'Ancienne Alliance, quand le peuple de Dieu marchait avec Lui, il avait la victoire en continu. En entrant dans la terre promise, Dieu a donné à Son peuple la supériorité sur leurs ennemis et a empêché qu'un roi païen puisse employer des forces occultes pour les maudire. Il a promis à Josué la victoire totale, aucun des rois contre qui il devait se battre n'allait pouvoir lui résister. Et Il a tenu parole ; lorsque le peuple a obéi, tous ont été assujettis, aucun n'a été trop fort.

Sous la Nouvelle Alliance, notre victoire est assurée par la victoire de Jésus. Elle nous donne, nous aussi, accès à une vie de victoire. La foi chrétienne est une expression de victoire, la victoire de Jésus sur le diable, sur le péché et sur la mort. Lorsque Jésus est sorti du tombeau, Sa victoire sur Satan a été consumée. Il a informé Ses disciples que désormais c'était Lui qui détenait tout pouvoir et toute autorité sur la terre. Il les a ensuite mandatés pour aller faire des nations des disciples en Son nom. Notre victoire est assurée par le sacrifice de Jésus pour nous sur la croix. Il nous a libérés de toute captivité, du poids du péché et il nous a permis de vivre la justice, la paix et la joie par le Saint-Esprit. En d'autres termes, nous pouvons dominer sur les circonstances de l'existence et sur le diable et ne pas être spirituellement ni émotionnellement assujettis. Toute situation non conforme à la volonté de Dieu dans nos vies est sujette au changement et ne nous intimide plus.

Notre victoire est assurée par l'intercession de Jésus pour nous. Aujourd'hui, Il est encore là pour nous et intercède pour nous auprès du Père. Il sait que dans le monde il y a des tribulations, mais Il nous a assuré de Sa victoire en nous exhortant à faire preuve de courage. Pourquoi ? Parce qu'Il a vaincu le monde.

Notre victoire est assurée par le soutien indéfectible de Dieu pour Ses enfants. En effet, si Dieu est pour nous, qui se lèvera contre nous ; Dieu nous défendra. Tout ce dont nous avons besoin nous sera donné, après tout, Il nous avait bien donné Son Fils.

Notre victoire est assurée parce que nous sommes nés de Dieu. Celui qui est né de Dieu est victorieux sur le monde, et ce par l'exercice de sa foi.

Nous avons l'assurance de Dieu que même dans les moments de faiblesse, Il renouvelle nos forces. Selon Esaïe 40, Il donne de la force à celui qui est fatigué et il multiplie les ressources de celui qui est à bout. Adoptons cette mentalité, aucune fatigue ne doit être ressentie comme un drame, aucun revers ne doit être considéré comme permanent. C'est un choix de ne pas vivre malheureux, en se plaignant que tout est trop dur, la vie trop dure, les gens trop durs. Aucune difficulté n'est insurmontable, aucune fatigue n'est appelée à durer.

Le chrétien est quelqu'un de puissant qui chaque jour peut expérimenter la victoire dans tous les domaines de sa vie. L'adversité est réelle et la victoire aussi. Faisons le choix de nous fortifier et d'engager toutes nos armes pour pouvoir surmonter l'adversité et tenir ferme. La victoire nous appartient. Et nous pouvons nous aussi nous écrier : « *Loué soit Dieu qui nous donne la victoire par notre Seigneur Jésus-Christ.* »

Questions

1. Qu'est-ce qui nous donne la garantie de la victoire ?
2. Notez des domaines où vous voulez voir la victoire dans votre vie et présentez-les à Dieu.

Prière

- Remerciez le Seigneur pour Son grand amour et pour Sa fidélité.
- Remerciez-Le pour la victoire de Jésus sur le diable, le péché et la maladie.

- Remerciez-Le de vous avoir rendu participant et bénéficiaire de la victoire en Jésus.
- Remerciez Jésus pour Son rôle d'intercesseur.
- Remerciez le Père pour Son soutien indéfectible.
- Renoncez aux murmures et aux plaintes. Demandez pardon.
- Engagez-vous à tenir ferme et à vous fortifier, à ne jamais capituler devant l'adversité.
- Demandez la révélation de votre victoire en Jésus.
- Priez pour que Dieu vous donne « un front dur » pour affronter et vaincre les circonstances négatives de la vie.
- Ordonnez à tout esprit de défaite, de peur, de vous quitter immédiatement.

Déclarations

Je déclare au nom de Jésus que :

1. Chaque jour de ma vie est un jour de joie, un jour de foi, un jour de gloire et un jour d'assurance.
2. J'ai la victoire sur l'adversité, sur le péché et sur le diable.
3. Par le sacrifice de Jésus, je suis libéré de toute captivité physique, spirituelle ou émotionnelle.
4. Je suis né de Dieu et j'ai la victoire sur le monde. Celui qui est en moi est plus grand que celui qui est dans le monde.

5. Jésus est mon Souverain Sacrificateur et Il intercède pour moi en continu.

6. J'ai un esprit de force et de puissance et je domine sur toutes les circonstances de ma vie.

7. Chaque jour de ma vie est un jour de manifestation prophétique, chaque jour de ma vie est un jour de victoire.

8. Chaque jour la célébration, chaque jour la joie, chaque jour la victoire, chaque jour la paix, chaque jour la bonne santé.

9. Je suis la tête, je ne serai plus jamais la queue. Je suis en haut, je ne serai plus jamais en bas parce que j'ai décidé que je vais obéir à l'Éternel, mon Dieu, et je vais respecter Ses commandements.

10. Je suis toujours gagnant, toujours triomphant, toujours conquérant, toujours victorieux.

11. Que tout esprit qui trouble ma vie disparaisse. Je poursuis mes ennemis, je ne me retourne que lorsqu'ils sont entièrement consumés.

18

Je vis dans la sainteté et la droiture

Versets

Romains 6.14,17-19 (BDS) *Car le péché ne sera plus votre maître puisque vous n'êtes plus sous le régime de la Loi mais sous celui de la grâce. Mais Dieu soit loué ! Si, autrefois, vous étiez les esclaves du péché, vous avez maintenant obéi de tout cœur à l'enseignement fondamental auquel vous avez été soumis. Et, à présent, affranchis du péché, vous êtes devenus esclaves de la justice. [...] De même que vous avez offert autrefois vos membres en esclaves à des passions dégradantes et immorales pour vivre une vie déréglée, de même offrez-les maintenant en esclaves à la justice pour mener une vie sainte.*

Tite 2.11-12 (BDS) *En effet, la grâce de Dieu s'est révélée comme une source de salut pour tous les hommes. Elle nous éduque et nous amène à nous détourner de tout mépris de Dieu et à rejeter les passions des gens* de ce monde. *Ainsi nous pourrons mener, dans le temps présent, une vie équilibrée, juste et pleine de respect pour Dieu.*

2 Timothée 2.21 Si donc quelqu'un se purifie de ces choses, il sera un vase d'usage noble, saint, utile à son maître, prêt pour toute œuvre bonne.

Colossiens 1.9-10 Nous demandons que vous soyez remplis de la connaissance de sa volonté, en toutes sagesse et intelligence spirituelles, pour marcher d'une manière digne du Seigneur et lui plaire entièrement.

Méditation

Nous comprenons par les écritures que, avant Jésus Christ, nous étions sous la domination des désirs impurs. La relation avec le péché était une relation de maître à serviteur. Par conséquent, le péché n'est pas un plaisir dont nous jouissons, c'est une servitude que nous endurons. Et, quand nous suivions nos désirs impies, nous étions esclaves du péché.

La véritable liberté c'est être débarrassé des désirs impurs, ce n'est pas être libre d'en jouir. Nous ne sommes pas libres parce que nous sommes en mesure de faire ce que nous voulons, nous sommes libres parce que nous sommes capables de désirer ce qui est bon et de refuser ce qui est mauvais. Changer la notion du bien en fonction de nos désirs, c'est perpétuer notre servitude. Dieu nous demande d'aimer ce que Lui qualifie de bon et de haïr et de nous abstenir de ce que Lui qualifie de mauvais.

«Le salut est le fruit de la pureté et du sacrifice de Jésus malgré notre péché ou peut-être à cause de notre péché.» Ça n'aurait pu être autrement. Celui qui ne connaissait pas le péché a, selon la Bible, été fait péché pour nous, afin que nous devenions justice de Dieu en Jésus Christ. Donc en Christ nous sommes enfin correctement positionnés devant Dieu.

Nous ayant sauvés malgré nos péchés, Il nous demande de nous débarrasser du péché à cause de Son salut. Nous sommes exhortés à ne plus vivre comme les païens, à nous séparer des œuvres infructueuses des ténèbres. Le passage ci-dessus se poursuit en nous disant d'offrir nos membres comme esclaves à la justice de la même manière qu'ils étaient auparavant esclaves du péché. La même puissance qui a ressuscité Jésus d'entre les morts est à l'œuvre en nous et nous permet de dire non au péché. La grâce de Dieu nous enseigne à renoncer au péché et à vivre une vie sainte. Elle ne donne pas, comme certains l'enseignent, la « liberté » de continuer le péché puisque « le prix a été payé ».

Le péché est destructeur. Pourquoi ?

1. Il détruit les relations et la vie. Prenons un exemple simple, la médisance. Il nous est dit ceci dans Proverbes 11.9 (BDS) :

    Par ses paroles, l'impie cause la ruine de son prochain,
    mais, par leur science, les justes en sont préservés. Et
    selon Proverbes 16.28 (BDS) : Le fourbe sème la discorde,
    et le rapporteur jette la brouille entre des amis.

2. Il détruit également notre intimité avec Dieu. Certes, Dieu nous aime, mais nous ne pouvons pas Lui plaire si nous persistons à vivre dans le péché. Nous sommes appelés à « vivre d'une manière digne du Seigneur ».

3. Il détruit notre immunité à l'oppression démoniaque. Le diable a un accès facile à ceux qui vivent dans la

désobéissance envers Dieu. Il fait beaucoup de dégâts dans leurs vies et ils ne peuvent pas l'arrêter. Pourquoi ? Parce que nous devons tout d'abord nous soumettre à Dieu avant de pouvoir résister efficacement au diable.

4. Enfin, en péchant, les gens récoltent les conséquences de leurs actes. Lorsque vous parlez mal de gens, les gens parleront mal de vous. Nous moissonnons ce que nous semons. Lorsque nous semons la justice, nous moissonnons les fruits de la justice et vice versa.

Alors que faire ? Décider que la voie de Dieu est la meilleure, que malgré le désir de pécher nous ne justifierons pas le péché, au contraire, nous y renonçons. C'est là où nous pouvons prier pour la grâce de surmonter le péché et recevoir un amour de la pureté pour rester libre.

Questions

1. Quelles sont les conséquences négatives du péché que vous avez constatées dans votre vie ?
2. Quels sont les péchés qui vous posent particulièrement problème ?

Prière

- Remerciez Dieu de vous avoir libéré de l'esclavage au péché.
- Remerciez Dieu pour le sacrifice de Jésus qui nous a qualifiés pour une telle bénédiction.
- Demandez pardon pour les péchés spécifiques que vous avez notés.

- Renoncez au péché de façon générale et à toute iniquité.
- Demandez que Dieu vous ouvre les yeux afin que vous soyez horrifié par le péché.
- Offrez-vous à Lui comme esclave de la justice et de la sainteté.
- Demandez d'être libéré de toute emprise du péché, de tout lien et de toute addiction.
- Demandez d'être rempli de la connaissance de sa volonté, de la sagesse et de l'intelligence spirituelles, pour vivre une vie digne de Lui et Lui faire plaisir en toutes choses.
- Demandez qu'Il vous donne une passion pour la droiture et la pureté.
- Demandez la grâce dont vous avez besoin pour vivre une vie sainte.
- Ordonnez à tout esprit qui vous pousse au péché, impureté, violence, etc. de vous quitter.

Déclarations

Je déclare au nom de Jésus que :

1. Je suis affranchi du péché et je renonce à toute forme d'impiété.

2. Je me soumets à Dieu pour vivre d'une manière digne du Seigneur.

3. Le péché ne sera plus jamais maître sur moi, je suis

horrifié par le péché.

4. J'offre mes membres et organes comme des instruments de justice. Je les consacre à Dieu. Les fruits de ma vie seront une vie sainte, une vie de droiture.

5. Je ne vivrai plus comme les païens, dans des œuvres des ténèbres.

6. Je rejette les passions des gens de ce monde.

7. Mes pensées sont pures et mes désirs sont sanctifiés.

8. Je vais mener une vie équilibrée, juste et empreinte de piété.

9. Je suis libre de toute oppression. J'ordonne à tout esprit d'impureté, de colère, de destruction, de rébellion et de toute forme de péché de quitter ma vie et de rester éloigné de moi, au nom de Jésus.

10. Je suis attaché à la Parole de Dieu, à la volonté de Dieu et aux désirs de Dieu.

19

Je préserve ma langue du mal

Versets

Proverbes 18.21 (BDS) La mort et la vie sont au pouvoir de la langue : vous aurez à vous rassasier des fruits que votre langue aura produits.

Éphésiens 4.29 (BDS) Ne laissez aucune mauvaise parole franchir vos lèvres, mais seulement des paroles empreintes de bonté. Qu'elles répondent à un besoin et aident les autres à grandir dans la foi. Ainsi elles feront du bien à ceux qui vous entendent.

Proverbes 21.23 Celui qui veille sur sa bouche et sa langue se préserve de bien des angoisses.

1 Pierre 3.10 Si quelqu'un, en effet, veut aimer la vie et voir des jours heureux, qu'il préserve sa langue du mal et ses lèvres des paroles trompeuses.

Jacques 3.2 En effet, nous trébuchons tous de bien des manières. Si quelqu'un ne trébuche pas en paroles, c'est un homme mûr, capable de tenir tout son corps en bride.

Marc 11.21-24 Pierre dit à Jésus : « Maître, regarde, le figuier que tu as maudit est desséché. » Jésus leur dit alors : « Ayez foi en Dieu. Je vous le dis en vérité, si quelqu'un dit à cette montagne : "Retire-toi de là et jette-toi dans la mer", et s'il ne doute pas dans son cœur, mais croit que ce qu'il dit arrive, il le verra s'accomplir. C'est pourquoi je vous le dis : tout ce que vous demanderez en priant, croyez que vous l'avez reçu et cela vous sera accordé. »

Méditation

Ce passage de 1 Pierre 3.10 est captivant, ainsi nous découvrons que celui qui veut bien vivre doit faire attention à ce qu'il dit.

> « Si quelqu'un, en effet, veut aimer la vie et voir des jours heureux, qu'il préserve sa langue du mal. »

Je pense que c'est le cas de tous, donc voici un principe que nous devrions tous nous empresser d'appliquer dans nos vies, garder nos langues du mal. Mais il n'en est pas toujours ainsi. Je soupçonne que c'est parce que les gens ne sont pas convaincus que dire du mal leur fait du mal. Mais c'est bien vrai.

La langue dirige nos vies, en bien ou en mal. Les paroles sont puissantes et elles créent des situations et des circonstances ; elles invoquent et appellent les choses à l'existence et les détruisent aussi. Votre langue peut détruire vos relations, peut créer l'inimitié envers vous et les autres et ainsi nuire à votre vie. Elle peut engendrer la méfiance, vous transformer en persona non grata, voler des opportunités qui auraient été les vôtres ; elle peut vous fermer des portes au nez et vos paroles peuvent être utilisées contre vous.

    La langue peut aussi inviter les activités démoniaques. Les sorts, les incantations emploient des mots et ces mots invoquent des esprits démoniaques. Les paroles prononcées contre les personnes peuvent leur nuire si elles ne sont pas spirituellement alertes. Quand vos paroles s'accordent avec les propos du diable, vous contrez les desseins de Dieu dans votre vie et donnez libre cours au diable.

    Lorsqu'elle est bien employée, votre langue invitera la puissance de Dieu dans votre vie, annulera les paroles maléfiques prononcées contre vous et vous donnera la paix et le repos. Alors que vous déclarez la parole de Dieu sur vous, la puissance de Dieu est libérée pour déclencher sa manifestation. Vous pouvez déclarer la vie, la guérison, l'espérance, la victoire sur vous-même alors même que les personnes impliquées dans l'occultisme peuvent déclarer la mort, la maladie, l'échec et le désespoir sur vous. Si vous êtes à Christ, ce sont vos paroles qui vont prévaloir.

    Jésus a dit que, lorsque nous croyons et nous ne doutons pas, nous pouvons parler à la montagne, c'est-à-dire à toute situation ou tout obstacle, quelle que soit sa dimension ou sa complexité, et elle nous obéira ; nous aurons ce que nous avons dit. Il a dit cela suite à l'émerveillement de Ses disciples du fait qu'un figuier qu'Il avait maudit lui ait obéi, se soit desséché et soit mort. Il nous a fait savoir que nous pouvons faire la même chose par la foi. Donc vos paroles peuvent changer favorablement les circonstances de votre vie.

    Les paroles peuvent provoquer la faveur, donner une bonne réputation et bâtir des relations. Dieu utilise des paroles pour nous instruire et diriger nos vies, alors que Sa Parole est prêchée. Le Saint-Esprit nous éclaire avec la Parole de Dieu. Les paroles que Dieu dit sont puissantes et les nôtres aussi. Un des signes de la maturité chrétienne est la capacité à maîtriser sa langue. Si nos paroles sont pures à partir d'un cœur qui est pur, notre vie sera pure. Donc, décidez d'être prompt à écouter et lent à parler et, quand vous parlez, déclarez la vie, déclarez la foi, déclarez l'espoir. Et, surtout, que vos paroles s'harmonisent avec vos prières.

Questions

1. Quand vous analysez votre vie, quel impact est-ce que vos paroles ont eu sur vous ?
2. Quel impact est-ce que vous voulez voir désormais et qu'allez-vous dire ?

Prière

Psaumes 141.3 (BDS) Que ma bouche, ô Éternel, reste sous ta surveillance ! Veille aux portes de mes lèvres !

- Remerciez le Seigneur pour la rédemption, qui vous permet de recevoir le pardon.
- Demandez pardon pour toutes les paroles mauvaises et malsaines que vous avez prononcées.
- Prenez l'engagement devant Dieu de surveiller vos lèvres.
- Demandez à Dieu, conformément au psaume 141.3, de veiller sur les portes de vos lèvres et que vos paroles Lui soient agréables.
- Demandez que Dieu vous aide à être prompt à écou-

ter, lent à parler et à vous mettre en colère.

- Priez pour que toute conséquence négative ou démoniaque de vos paroles soit annulée.
- Demandez que toute parole mauvaise prononcée contre vous soit annulée.
- Annulez tout mensonge, toute calomnie, toute malédiction contre vous et proclamez la vérité, la bénédiction et la grâce sur vous

Déclarations

Je déclare au nom de Jésus que :

1. Désormais, je préserve ma langue du mal.
2. Ma langue sera un outil de choix entre les mains de l'Éternel.
3. Ma langue sera un outil de bénédiction dans ma génération.
4. Ma langue sera un outil de guérison et de révélation, un outil de transformation de vie, un outil prophétique au nom de Jésus.
5. Je suis prompt à écouter, lent à parler et à me mettre en colère.
6. Avec ma langue, je vais bâtir, je ne vais pas casser, je vais restaurer, je ne vais pas détruire, je vais construire, je vais ouvrir les portes, je ne vais pas les fermer.
7. Je ne dis plus de paroles mauvaises, que des paroles

de bonté qui font du bien à ceux qui m'entendent.

8. Je fais taire toute langue qui s'élève contre moi, toute calomnie, toute malédiction et j'annule toutes les paroles et tous les décrets prononcés contre ma vie.

9. Ce que je déclare vient à l'existence, au nom de Jésus.

20

Je reçois une huile de joie

Versets

Ésaïe 35.10 Ceux que l'Éternel aura libérés reviendront, ils arriveront à Sion avec des chants de triomphe et une joie éternelle couronnera leur tête. Ils connaîtront la gaieté et la joie, la douleur et les gémissements s'enfuiront

Psaumes 97.11-12 La lumière est semée pour le juste, et la joie pour ceux dont le cœur est droit. Justes, réjouissez-vous en l'Éternel et célébrez sa sainteté par vos louanges !

Proverbes 10.28 (BDS) L'attente du juste débouche sur la joie, mais les espérances des méchants seront déçues.

1 Pierre 1.8-9 Vous l'aimez sans l'avoir vu, vous croyez en lui sans le voir encore et vous vous réjouissez d'une joie indescriptible et glorieuse parce

que vous obtenez le salut de votre âme pour prix de votre foi.

Psaumes 4.8 (BDS) Tu mets dans mon cœur de la joie, plus qu'ils n'en ont quand leurs moissons abondent, quand leur vin nouveau coule.

Romains 15.13 Que le Dieu de l'espérance vous remplisse de toute joie et de toute paix dans la foi, pour que vous débordiez d'espérance, par la puissance du Saint-Esprit !

Méditation

Certains d'entre nous ont grandi en pensant que la religion était une chose très sérieuse et sans joie que les adeptes tentent de restreindre à la périphérie de leur vie pour éviter qu'elle n'empoisonne leur existence. Puis nous sommes venus à Christ et nous avons découvert un Dieu de joie. Nous avons compris que religion et bonheur n'étaient pas antonymiques, que Dieu se réjouit et réjouit le cœur de ceux qui Le servent. Ainsi la foi chrétienne ne rend pas amer, au contraire, elle procure une joie authentique. C'était extraordinaire.

Oui, le monde est un lieu déchu où abonde la douleur et où la souffrance est omniprésente. Toutefois, celui qui est en Christ reçoit Son Esprit qui produit en lui une joie surnaturelle indépendante des circonstances de la vie humaine. Cette joie défie l'oppression, les circonstances, surmonte et submerge le mal.

La joie favorise la santé. Un cœur joyeux est comme un remède. Ce n'est pas une sensation éphémère de bien-être, issue de l'acquisition de certaines bénédictions temporelles ; il s'agit plutôt d'une satisfaction profonde ancrée dans notre espérance éternelle en Christ.

C'est la raison pour laquelle la joie est aussi un choix. Nous devons comprendre que, puisque la joie est un don de Dieu communiqué par le Saint-Esprit, elle n'est pas dépendante d'une circonstance extérieure quelconque. Par conséquent, nous pouvons l'avoir, si nous la voulons ; choisissons de ne laisser aucune circonstance de notre vie dicter notre état émotionnel ou psychologique. La joie est présente dans la victoire aussi bien que dans l'adversité. Et la joie est également présente dans le renversement de l'adversité. La seule exigence c'est qu'elle soit reçue de Dieu.

Christ a été oint d'une huile de joie au-dessus de Ses compagnons et, même à son pire moment, Il n'est pas tombé dans la dépression. Les rachetés de l'Éternel reviennent avec joie, ils reçoivent une huile de joie au lieu du deuil, le vêtement de louange au lieu d'un esprit abattu. C'est le lot de tous ceux que Christ a rachetés. La seule cause de dépression spirituelle a été enlevée, à savoir la séparation d'avec Dieu. Par conséquent, tous les croyants ont le droit et la responsabilité de se réjouir dans le Seigneur. Son œuvre en notre faveur dans la rédemption est une raison suffisante pour vivre avec un cœur de joie et un esprit de célébration.

Être joyeux n'est pas être irréfléchi, cela ne signifie pas que vous n'êtes pas quelqu'un de sérieux ; bien au contraire, c'est un témoignage à la révélation de la grande vérité de Christ en nous, l'espérance de la gloire. C'est aussi un témoignage éclatant à la présence de l'Esprit dans nos vies. Donc, réjouissez-vous. Comment se réjouir quand on a des défis ?

Comment devenir joyeux ?

1. Passer du temps dans la présence du Seigneur. En Sa présence, il y a plénitude de joie.
2. Dépendre du Saint-Esprit. C'est Lui qui donne la joie. Même en période de deuil, Dieu fournit la joie ; en période d'abattement, Il nous élève et renouvelle notre joie.
3. Méditer sur Jésus. Cela donne la joie. Il est Celui en qui nous croyons et, alors que nous méditons sur Sa Personne et sur ce que nous avons en Lui, nous sommes remplis d'une joie glorieuse et débordante, une joie indicible et pleine de gloire.

> *1 Pierre 1:8-9 Vous l'aimez sans l'avoir vu, vous croyez en lui sans le voir encore et vous vous réjouissez d'une joie indescriptible et glorieuse parce que vous obtenez le salut de votre âme pour prix de votre foi.*

4. Demander la joie. L'apôtre Paul prie pour les Thessaloniciens afin qu'ils soient remplis de joie et de paix.
5. Renoncer aux choses qui font la guerre à notre joie, tels l'anxiété, les mauvaises pensées, les soucis, etc.
6. Dévorer la Parole de Dieu et recevoir la révélation du royaume donne la joie.
7. Servir Dieu nous couronne de joie.

La joie nous sera fournie en continu et en abondance. Nous avons plus de joie, dit le psalmiste, qu'eux n'en ont quand leur blé et leur vin nouveau abondent. La version «The Message» le dit ainsi : «Plus de joie en une journée ordinaire qu'ils n'obtiennent dans toutes leurs virées shopping. »

Psaumes 4.8 (BDS) Tu mets dans mon cœur de la joie, plus qu'ils n'en ont quand leurs moissons abondent, quand leur vin nouveau coule.

Questions

1. À quel moment de votre vie est-ce que vous avez été le plus joyeux ?
2. Quel a été l'impact de la joie sur votre vie ?

Prière

Romains 15:13 Que le Dieu de l'espérance vous remplisse de toute joie et de toute paix dans la foi, pour que vous débordiez d'espérance, par la puissance du Saint-Esprit !

- Remerciez Dieu pour la joie que vous avez à cause du Fils.
- Remerciez Dieu pour le Saint-Esprit qui nous donne la joie.
- Demandez à Dieu de vous remplir à nouveau de Sa joie.
- Renoncez à l'inquiétude, aux préoccupations, à toutes les choses que vous identifiez qui s'opposent à votre joie.
- Engagez-vous à recevoir et marcher dans la joie du Saint-Esprit.
- Prenez autorité sur tout esprit de dépression et d'oppression qui pourrait être présent dans votre vie.

- Demandez, si vous avez connu un deuil, que Dieu vous donne une huile de joie au lieu du deuil et un vêtement de louange au lieu d'un esprit abattu.

Déclarations

Je déclare au nom de Jésus que :

1. Je renonce au deuil, à la tristesse et à la dépression.
2. Je renonce à l'anxiété, à l'angoisse et à l'inquiétude.
3. J'ordonne à tout esprit de deuil et de dépression de quitter ma vie.
4. J'ordonne à tout esprit d'angoisse et d'inquiétude de me laisser.
5. Je suis libre de la tristesse, libre de l'angoisse.
6. Je reçois une huile de joie au lieu du deuil, un vêtement de louanges au lieu d'un esprit abattu.
7. Je déborde de joie, de paix et d'espérance.
8. Je me réjouis dans mon Seigneur Jésus, je me réjouis de Son œuvre merveilleuse pour me sauver.
9. Je me réjouis dans le Dieu de mon salut. Il m'a élevé et m'a donné un nouveau chant.
10. Chaque jour, c'est la joie à l'infini. Mon Dieu prendra plaisir en moi.

21

Je suis ouvrier de la moisson

Versets

2 Corinthiens 5.17-19 (BDS) Ainsi, si quelqu'un est uni au Christ est une nouvelle créature ; ce qui est ancien a disparu, voici : ce qui est nouveau est déjà là. Tout cela est l'œuvre de Dieu, qui nous a réconciliés avec lui par le Christ et qui nous a confié le ministère de la réconciliation. En effet, Dieu était en Christ, réconciliant les hommes avec lui-même, sans tenir compte de leurs fautes.

Mat 28.18-20 Jésus s'approcha et leur dit : «Tout pouvoir m'a été donné dans le ciel et sur la terre. Allez [donc], faites de toutes les nations des disciples, baptisez-les au nom du Père, du Fils et du Saint-Esprit et enseignez-leur à mettre en pratique tout ce que je vous ai prescrit. Et moi, je suis avec vous tous les jours, jusqu'à la fin du monde.»

1 Corinthiens 15.58 Ainsi, mes frères et sœurs bien-aimés, soyez fermes, inébranlables. Travaillez de mieux en mieux à l'œuvre du Seigneur, sachant que votre travail n'est pas sans résultat dans le Seigneur.

Jean 4.34-35 Jésus leur dit : « Ma nourriture est de faire la volonté de celui qui m'a envoyé et d'accomplir son œuvre. Ne dites-vous pas qu'il y a encore quatre mois jusqu'à la moisson ? Eh bien, je vous le dis, levez les yeux et regardez les champs : ils sont déjà blancs pour la moisson. »

Romains 15.17-19 Je peux donc me montrer fier en Jésus-Christ de l'œuvre de Dieu. En effet, je n'oserais rien mentionner si Christ ne l'avait pas accompli par moi pour amener les non-Juifs à l'obéissance par la parole et par les actes, par la puissance des signes et des prodiges et par la puissance de l'Esprit de Dieu. Ainsi, depuis Jérusalem et en rayonnant jusqu'en Illyrie, j'ai abondamment propagé l'Évangile de Christ.

Méditation

Un jour, Jésus, en s'adressant à une femme à côté d'un puits, lui a révélé Son identité et les buts de Dieu. Elle a été convertie et est allée chercher les habitants de la ville pour qu'Ils viennent rencontrer Jésus. Entre-temps, les disciples de Jésus qui étaient allés chercher de la nourriture sont revenus et ont insisté pour Le faire manger. Il a répondu que sa nourriture était de faire la volonté du Père qui L'avait envoyé. Il leur a ensuite montré que les champs étaient blancs pour la moisson et qu'ils avaient été envoyés pour rassembler la moisson.

Quand Jésus a envoyé soixante-dix de Ses disciples en mission, Il a de nouveau fait référence aux champs en disant que la moisson était abondante, mais les ouvriers peu nombreux. Il nous a donné pour instruction de prier pour que le Seigneur de la moisson envoie des ouvriers dans Sa moisson. Les champs blancs pour la moisson sont ceux qui ne connaissent pas le Christ et qui sont prêts à l'accepter. Les ouvriers sont les chrétiens qui se lèvent pour faire ce que Jésus nous a dit de faire, c'est-à-dire faire des disciples.

Donc le défi est le suivant, il n'y a pas assez d'ouvriers. Le seul problème avec cette moisson, c'est le manque d'ouvriers, pas du tout l'absence de moisson. Quand Jésus a quitté la terre, Il a donné un mandat clair à ses disciples et à l'Église d'aller et de faire des nations des disciples et de leur apprendre à obéir à Sa Parole ; en d'autres termes, d'aller rassembler la moisson.

Il s'agit de la « raison d'être » de tous les croyants, réconcilier les hommes avec Dieu. L'apôtre Paul déclare dans 2 Corinthiens 5 que nous faisons fonction d'ambassadeurs à travers lesquels Dieu invite les gens à se réconcilier avec Lui. Ce que nous appelons « gagner des âmes » doit devenir un style de vie pour tous les enfants de Dieu. Aujourd'hui encore, les gens meurent et vont en enfer et Dieu tente toujours de les secourir. La Bible appelle les chrétiens des semeurs, des arroseurs, des moissonneurs et des pêcheurs et, dans tous ces cas, c'est Dieu qui déclenche l'accroissement. Le salut de notre génération doit devenir pour chaque chrétien une affaire personnelle. Il doit être inconcevable pour nous que de notre vivant des multitudes ne viennent pas au Sauveur.

Le chemin vers la vraie joie dans la vie du croyant, c'est le chemin de l'obéissance, en particulier dans l'évangélisation. C'est pour cela que Jésus est venu et nous sommes censés poursuivre son œuvre. Avant de quitter la terre, il a annoncé qu'Il nous envoyait comme le Père L'avait envoyé. Nous avons le privilège extraordinaire de sauver les gens de la condamnation éternelle, de les réconcilier avec Dieu et de changer leur destinée éternelle. Nous avons la responsabilité de déclarer à notre génération la Parole de Dieu qui transforme les vies. Et beaucoup répondront oui parce que Jésus a dit que les champs sont déjà blancs pour la moisson.

Questions

1. Combien de personnes sont venues à Christ à travers vous ?
2. Notez les sentiments qui vous empêchent de gagner des âmes.

Prière

- Remerciez Dieu pour le privilège d'être sauvé.
- Remerciez-Le pour le privilège d'être appelé à réconcilier les hommes avec Dieu.
- Demandez à Dieu qu'Il vous ouvre les yeux pour voir les champs déjà blancs pour la moisson.
- Offrez-vous à lui comme un gagneur d'âmes, un ouvrier de la moisson.
- Demandez la sagesse, la direction, les paroles qu'il faut et Sa puissance afin d'être un gagneur d'âmes efficace.
- Prenez un engagement ferme d'obéir à Jésus et de devenir quelqu'un qui fait des disciples.
- Priez pour que le Saint-Esprit amène la conviction de péché quand vous parlez.

- Priez pour que des signes et des prodiges se manifestent quand vous annoncez l'Évangile, comme lorsque Paul prêchait.
- Priez pour que vous puissiez être fier de l'œuvre que Dieu va accomplir à travers vous.

Déclarations

Je déclare au nom de Jésus que :

1. Je suis ouvrier du royaume. Je me donne entièrement pour l'œuvre de la conversion de ma génération.

2. J'assume mes fonctions d'ambassadeur, je suis dépositaire du message de la réconciliation, ma génération entendra le message de la réconciliation à travers moi.

3. Désormais, l'appel de Dieu va résonner à travers moi. Je les appellerai à être réconciliés avec Dieu, ils entendront, ils écouteront et ils accepteront.

4. De la même façon que Dieu m'a lancé l'invitation à travers quelqu'un et que j'ai accepté, Dieu va lancer cette invitation à travers moi à ma génération et elle va accepter.

5. Je représente le Fils de Dieu dans ma génération, je parle en Son nom, j'agis en Son nom, je porte haut Ses couleurs.

6. Je suis un moissonneur et les champs sont blancs pour la moisson. Désormais, je verrai des conversions

radicales et massives.

7. Il est impensable que la nation ne soit pas touchée de mon vivant. Il est impensable que je sois dans cette ville et que les gens ne se convertissent pas.

8. Je prends ma revanche. Je vais provoquer la confusion en enfer. Ce qui me tourmentait avant sera maintenant tourmenté par moi.

9. J'ai été réconcilié avec Dieu et j'ai été envoyé pour réconcilier les autres avec Dieu. Par conséquent, je vais porter des fruits. Je vais finir cette année en voyant avec joie les gens que j'ai amenés à Christ.

10. La puissance de Dieu agit à travers moi pour amener les incrédules à l'obéissance de la foi par des signes et des prodiges.

22

Mes yeux spirituels sont ouverts

Versets

Nombres 12.6-8 Et il dit : « Écoutez bien mes paroles ! Lorsqu'il y aura parmi vous un prophète, c'est dans une vision que moi, l'Éternel, je me révélerai à lui, c'est dans un rêve que je lui parlerai. Ce n'est pas le cas avec mon serviteur Moïse. Il est fidèle dans toute ma maison. Je lui parle directement, je me révèle à lui sans énigmes et il voit une représentation de l'Éternel. Comment se fait-il que vous n'ayez pas eu peur de parler contre mon serviteur Moïse ? »

1 Chroniques 12.33 Des Issacarites : 200 chefs et tous leurs frères, placés sous leurs ordres. Ils étaient capables de discerner les temps pour savoir ce que devait faire Israël.

2 Rois 6.17 Puis Élisée pria : « Éternel, ouvre ses yeux pour qu'il voie. »

L'Éternel ouvrit les yeux du serviteur, et il vit la montagne pleine de chevaux et de chars de feu tout autour d'Élisée.

1 Corinthiens 2.9 Mais, comme il est écrit, ce que l'œil n'a pas vu, ce que l'oreille n'a pas entendu, ce qui n'est pas monté au cœur de l'homme, Dieu l'a préparé pour ceux qui l'aiment.

Méditation

La vision est à la fois physique et spirituelle. La vision spirituelle c'est la capacité de voir ce que Dieu voit, de voir l'invisible, de percevoir avec précision la vérité de la Parole de Dieu. C'est la capacité de saisir le but de Dieu pour l'humanité, pour notre génération et pour nous même. C'est connaître la réalité des choses de l'Esprit et de discerner le monde surnaturel. Lorsque Jésus a rencontré deux de Ses disciples sur le chemin d'Emmaüs, ils ne l'avaient pas reconnu. Il a fallu que leurs yeux soient ouverts pour qu'ils se rendent compte que c'était Jésus.

– La capacité à voir clairement l'état actuel des choses, ce qui est invisible en comparaison avec ce qui est visible, c'est le cas d'Élisée et des armées de Syrie.

– La capacité à voir la solution, c'est le cas des Issacarites, capables de discerner le temps et savoir ce qu'Israël devait faire.

– La capacité à voir le futur, tel Jérémie qui voyait le retour de l'exil et la future gloire d'Israël.

L'importance de la vision.

La vision favorise :
1. Une vie agréable à Dieu, c'est le cas de celui qui a saisi le but de Dieu pour l'humanité dans la Nouvelle

Alliance.

2. La paix au milieu de la tempête, c'est le cas d'Élisée devant l'armée d'Israël.
3. Les bonnes décisions et les bons choix, c'est le cas de Jérémie qui achète du terrain alors que le peuple part en captivité.
4. La transformation en agent de changement et de délivrance.
5. La neutralisation de la résistance démoniaque.
6. L'accomplissement de la destinée.
7. La ténacité en dépit des retards et de l'adversité.
8. La paix, la joie.

Ainsi la vision c'est voir la réalité des choses de l'Esprit et discerner le monde surnaturel. Il y a une histoire captivante relatée dans la Parole de Dieu qui révèle l'importance de cette capacité à voir l'invisible. Lorsque le serviteur d'Élisée est sorti un matin, il a vu l'armée du roi de Syrie venue prendre le prophète. Visiblement impressionné, il a annoncé la nouvelle à Élisée qui lui n'en était nullement affecté. Élisée lui a dit que ceux qui étaient avec eux étaient beaucoup plus nombreux que ceux qui étaient contre eux. Il a ensuite prié pour que Dieu ouvre les yeux de son serviteur afin qu'il voie. Dieu l'a fait et le serviteur d'Élisée a pu voir les armées du ciel entourant Élisée. Élisée, lui, l'avait vu dans l'Esprit et par conséquent était en paix.

La vision spirituelle procure la paix, dévoile la victoire, enlève la peur, vous donne la conscience de votre appel et votre positionnement en Dieu et vous protège. Avant l'épisode décrit ci-dessus, il se passait quelque chose qui d'ailleurs a occasionné l'envoi des troupes pour saisir Élisée. C'est que les projets de guerre du roi de Syrie étaient constamment mis en échec, car le roi d'Israël était prévenu des projets belliqueux du roi de Syrie. Il a fini par vouloir savoir qui de ses hommes le trahissait et il lui a été dit qu'il y avait un prophète en Israël qui savait ce que le roi disait en privé. Il a donc envoyé les troupes pour saisir Élisée, car c'était grâce à sa vision spirituelle qu'Israël était protégé.

La vision spirituelle rend puissant et permet de vaincre l'opposition. Dans la suite de l'histoire, Élisée a prié pour que l'armée de Syrie soit aveuglée. Dieu l'a fait et Élisée a pu leur parler et les amener au cœur de la ville vers le roi d'Israël sans qu'ils s'aperçoivent qu'ils avaient devant eux l'homme qu'ils devaient saisir.

La vision spirituelle donne la révélation de Dieu, c'était le cas d'Ésaïe qui avait eu une vision de Dieu sur Son trône. Elle permet de comprendre le but de Dieu et la finalité qu'Il poursuit. La vision spirituelle c'est aussi percevoir avec clarté la réalité de la vérité biblique, en d'autres termes, la révélation de la Parole de Dieu, nous l'aborderons dans le chapitre suivant. La cécité spirituelle cause ou favorise des liens spirituels, l'absence de faveur, les mauvaises connexions, l'échec, le manque de puissance, les attaques spirituelles.

Questions

1. Qu'est-ce que vous avez accompli grâce à la vision spirituelle ?
2. Où avez-vous constaté des échecs provoqués par la

cécité spirituelle ?

Prière

- Remerciez le Seigneur pour la vision spirituelle qu'Il vous donne.
- Priez pour que vos yeux s'ouvrent.
- Demandez de voir Dieu tel que vous devez Le voir.
- Demandez de voir les mystères qui entourent votre vie.
- Demandez de voir votre appel, votre destinée, tout ce qui reste dans l'ombre à ce sujet.
- Demandez que Dieu révèle tout péché, tout obstacle qui lutte contre votre destinée.
- Demandez que vos yeux s'ouvrent pour voir la réalité spirituelle dans laquelle vous fonctionnez.
- Demandez que vos yeux s'ouvrent pour voir toute activité satanique autour de vous, tout ennemi qui agit et parle contre votre vie et votre futur.
- Demandez que vos yeux s'ouvrent pour voir votre futur conjoint afin de ne pas épouser un agent du diable.

Déclarations

Je déclare au nom de Jésus que :

1. Il y a un Dieu au ciel qui révèle les mystères. Mes yeux sont ouverts par la puissance de Dieu.

2. Je vois la grandeur et la majesté de Dieu.

3. Je vois clairement les projets de Dieu pour ma vie, je vois ma destinée.

4. Je me débarrasse de tout péché et tout obstacle à l'accomplissement des projets de Dieu pour moi.

5. Mes yeux voient la réalité spirituelle autour de moi, je ne suis pas ignorant des réalités spirituelles ni des ruses du diable.

6. Je ne tomberai sous l'emprise d'aucun agent du diable.

7. Je remercie le Seigneur parce que je vois, je comprends et je triomphe.

8. Je vois la destination de Dieu pour mon entourage, pour mon Église et je coopère avec le plan de Dieu.

23

Je reçois la révélation de la Parole de Dieu

Versets

2 Timothée 3.14-17 (BDS) Pour toi, reste attaché à tout ce que tu as appris et reçu avec une entière conviction. Tu sais de qui tu l'as appris. Depuis ton enfance, en effet, tu connais les Saintes Écritures ; elles peuvent te donner la vraie sagesse, qui conduit au salut par la foi en Jésus-Christ. Car toute l'Écriture est inspirée de Dieu et utile pour enseigner, réfuter, redresser et apprendre à mener une vie conforme à la volonté de Dieu. Ainsi, l'homme de Dieu se trouve parfaitement préparé et équipé pour accomplir toute œuvre bonne.

Éphésiens 1.17-20 Je prie que le Dieu de notre Seigneur Jésus-Christ, le

Père de gloire, vous donne un esprit de sagesse et de révélation qui vous le fasse connaître. Je prie qu'il illumine les yeux de votre cœur pour que vous sachiez quelle est l'espérance qui s'attache à son appel, quelle est la richesse de son glorieux héritage au milieu des saints et quelle est l'infinie grandeur de sa puissance, qui se manifeste avec efficacité par le pouvoir de sa force envers nous qui croyons. Cette puissance, il l'a déployée en Christ quand il l'a ressuscité et l'a fait asseoir à sa droite dans les lieux célestes.

Éphésiens 3.1-5, 8-9 *Moi Paul, je suis le prisonnier de Jésus-Christ pour vous, les non-Juifs, si du moins vous avez appris comment je fais part de la grâce de Dieu qui m'a été confiée pour vous. C'est par révélation qu'il m'a fait connaître ce mystère tel que je l'ai déjà décrit en quelques mots. En les lisant, vous pouvez vous rendre compte de la compréhension que j'ai du mystère de Christ. Il n'a pas été porté à la connaissance des hommes des générations passées comme il a maintenant été révélé par l'Esprit à ses saints apôtres et prophètes. J'ai reçu la grâce d'annoncer parmi les non-Juifs les richesses infinies de Christ et de mettre en lumière [pour tous les hommes] comment se réalise le mystère caché de toute éternité en Dieu, qui a tout créé [par Jésus-Christ].*

Méditation

La vision spirituelle, c'est la capacité de voir ce que Dieu voit et qui est révélé dans Sa Parole. C'est, tout d'abord, saisir le but de Dieu pour l'humanité, l'apôtre Paul parle de la révélation du mystère de l'Évangile, des richesses infinies de Christ. C'est la première chose que nous devons voir. La rédemption, la croix, le sacrifice de Jésus et ses conséquences ô combien heureuses pour l'humanité doivent nous habiter et remplir notre champ de vision. Ainsi c'est le filtre à travers lequel nous évaluons toute chose.

La vision, c'est aussi voir le but de Dieu pour notre génération, ainsi, dans Jean 4, alors que les disciples de Jésus pensaient à Lui donner à manger, Lui voyait des champs blancs pour la moisson. Qu'est-ce que vous voyez ? La vision spirituelle c'est aussi voir le but de Dieu pour nous individuellement. C'est ainsi que Joseph a eu une vision de sa destinée à travers un rêve, que l'apôtre Paul a reçu une vision de l'appel de Dieu pour lui, que Jérémie a reçu une vision de son avenir et ainsi de suite. Ainsi pour partager pleinement la vision de Dieu, nous devons vivre dans la révélation de Sa Parole. La Parole de Dieu nous ouvre les yeux sur le monde surnaturel et la personne surnaturelle de Dieu.

Paul, inspiré par le Saint-Esprit écrit à son fils spirituel Timothée et partage avec lui des trésors essentiels pour son avancement dans la foi et son bien-être général. Il attire son attention sur la nécessité de s'attacher aux Écritures. Quelle est l'utilité des Écritures pour Timothée et pour nous ? Qu'est-ce qu'elles nous permettent de voir, car comprendre c'est voir ? Elles nous permettent de voir et de comprendre :

La vraie sagesse de Dieu.

- Elles donnent la vraie sagesse, non pas la sagesse humaine et terrestre, mais la sagesse qui a créé l'univers et soutient toute chose, la sagesse de Dieu, surnaturelle.

La bienveillance de Dieu

- Elles apportent la consolation — dans toutes les circonstances de la vie, Dieu par Sa Parole déverse l'encouragement et Ses promesses et permet de voir une autre réalité qui triomphe de celle-ci.

La pensée, les voies, la Personne de Dieu

- Elles sont utiles pour enseigner — elles nous enseignent les voies de Dieu, la pensée de Dieu, la nature de Dieu et les principes de Dieu. Elles nous donnent accès au monde surnaturel de Dieu.

La sainteté de Dieu

- Elles nous reprennent — nous pouvons ainsi faire les ajustements nécessaires dans notre vie quand nous les évaluons face à la Parole de Dieu.

La volonté de Dieu

- Elles nous permettent de vivre une vie conforme à la volonté de Dieu.

Beaucoup se disent chrétiens, mais ne voient pas la vérité de Dieu, donc sont constamment en désaccord avec les voies de Dieu et en proie à des conflits internes. Or, la révélation de la Parole de Dieu éclaire, elle donne de l'intelligence aux simples et nous avons besoin d'être éclairés.

Comment voir ? Cette révélation vient aux cœurs désireux qui cherchent. C'est le fruit de la méditation en continu, de l'étude de la Parole et de la prière, car il convient toujours de demander. C'est ce que fait l'apôtre Paul dans ce grand passage de prière lumineuse. Et si nous voulons voir des réalités spirituelles dans la Parole de Dieu, nous devons faire cette même prière. Nous pouvons lire et analyser le texte sans voir et savourer sa réalité.

Nous devons demander que Dieu illumine les yeux de nos cœurs, qu'Il nous permette de comprendre ce que Sa Parole nous dit sur nous, sur Lui, sur Sa puissance, Sa gloire, sur l'œuvre extraordinaire de la croix. C'est une vision spirituelle extraordinaire qui nous libère de beaucoup de choses naturelles qui nous minent encore. C'est parce que Paul possédait cette vision qu'il était si détaché des choses naturelles et pouvait se donner entièrement à Dieu et vivre exclusivement pour Dieu. L'œuvre de Dieu en Christ était une vraie révélation pour lui et a bouleversé son existence. Lorsque nous commencerons à voir, nous aussi, nous en serons bouleversés et cela changera notre manière d'être et de vivre.

En nous attachant à la Parole de Dieu, nous sommes équipés et préparés pour la vie et pour faire l'œuvre de Dieu. Ce qui veut dire que la révélation de la Parole de Dieu doit être un objectif majeur de notre vie.

Questions

1. Notez des exemples de moments où votre vie a été en phase avec la volonté de Dieu grâce à Sa Parole.
2. Notez les défis et difficultés que vous avez connus par insuffisance de révélation de la Parole de Dieu.

Prière

- Remerciez Dieu pour le Saint-Esprit qui est l'Esprit de révélation.
- Remerciez Dieu pour Sa Parole qui est l'expression de la sagesse de Dieu.
- Demandez à Dieu de vous donner d'être captivé par Sa Parole, de vous donner un cœur qui est profondément attaché à Sa Parole.
- Demandez un esprit de révélation et de sagesse pour

connaître Dieu.

- Demandez que Dieu illumine les yeux de votre cœur afin de voir la réalité des trésors spirituels qui sont à votre disposition.
- Demandez que vos yeux s'ouvrent pour contempler les merveilles de l'Évangile et les richesses infinies de Christ.
- Demandez une révélation de la pensée et des voies de Dieu qui va vous fidéliser pour toujours dans la maison de Dieu et faire de vous une personne vendue à Dieu.
- Demandez que Dieu vous ouvre les yeux pour voir Ses plans pour l'humanité et pour votre génération.
- Demandez que Dieu vous ouvre les yeux pour voir les champs blancs pour la moisson.

Déclarations

Je déclare au nom de Jésus que :

1. Je suis captivé par la Parole de Dieu. Je suis profondément attaché aux Écritures.

2. J'aime méditer la Parole de Dieu jour et nuit, c'est ma nourriture et mon plaisir.

3. Mes yeux sont ouverts pour contempler les merveilles de Dieu dans Sa Parole.

4. Je reçois la révélation de la beauté et la réalité de l'Évangile de Christ Jésus.

5. Je reçois la révélation des pensées et des voies de Dieu.

6. Je suis en harmonie avec Dieu dans ma vision de Lui et de moi-même.

7. J'accepte toutes les voies de Dieu telles qu'elles sont révélées dans Sa Parole.

8. Je suis vendu à Dieu, corps, âme et esprit. Je vis pour faire Sa volonté.

9. J'obéis à la Parole de Dieu avec joie.

10. Toutes les promesses de Dieu sont réalité dans ma vie.

24

Je suis libre de l'inquiétude

Versets

Philippiens 4.6-7 Ne vous inquiétez de rien, mais en toutes choses faites connaître vos besoins à Dieu par des prières et des supplications, dans une attitude de reconnaissance. Et la paix de Dieu, qui dépasse tout ce que l'on peut comprendre, gardera votre cœur et vos pensées en Jésus-Christ.

Proverbes 3.5-6 Confie-toi en l'Éternel de tout ton cœur et ne t'appuie pas sur ton intelligence ! Reconnais-le dans toutes tes voies et il rendra tes sentiers droits.

Matthieu 6.31-34 Ne vous inquiétez donc pas et ne dites pas : « Que mangerons-nous ? Que boirons-nous ? Avec quoi nous habillerons-nous ? » En effet, tout cela, ce sont les membres des autres peuples qui le recherchent. Or, votre Père céleste sait que vous en avez besoin. Recherchez d'abord le royaume et la justice de Dieu, et tout cela vous sera donné en plus. Ne vous inquiétez donc pas du lendemain, car le lendemain prendra soin de lui-même. À chaque jour suffit sa peine.

1 Pierre 5.7-8 Déchargez-vous sur lui de tous vos soucis, car lui-même prend soin de vous. Soyez sobres, restez vigilants : votre adversaire, le diable, rôde comme un lion rugissant, cherchant qui dévorer.

Psaumes 55.23 Remets ton sort à l'Éternel, et il te soutiendra. Il ne laissera jamais trébucher le juste.

Jean 14.27 Je vous laisse la paix, je vous donne ma paix. Je ne vous la donne pas comme le monde donne. Que votre cœur ne se trouble pas et ne se laisse pas effrayer.

Méditation

L'inquiétude est un des éléments les plus déstabilisants dans la vie d'une personne. Lorsque vous êtes angoissé ou anxieux par rapport à une situation, c'est un signe d'absence d'espérance et de certitude d'une issue favorable. Nous vivons dans un monde déchu où les gens s'attendent plus au pire qu'au meilleur. Parfois, le poids des expériences négatives personnelles ou celles de quelqu'un d'autre viennent provoquer l'anxiété quant à l'issue. Satan participe aussi à inonder les personnes de soucis, d'inquiétudes, de terreur quant au lendemain.

    Le résultat c'est que beaucoup vivent tourmentés et troublés se demandant comment ils vont faire pour régler telle ou telle situation. Ils se demandent comment ils vont faire pour changer les gens autour d'eux, leurs enfants, leurs époux, etc. Certains sont paralysés et n'osent rien entreprendre. Ils perdent le sommeil et perdent la santé. Les promesses de Dieu semblent être une utopie.

Que faire ? Premièrement, la Parole de Dieu nous exhorte à :
- ne pas nous inquiéter pour quoi que ce soit,
- Lui faire confiance en toutes choses à Le reconnaître dans toutes nos voies et à nous décharger sur Lui de tous nos soucis,
- ne pas nous appuyer uniquement sur ce que nous savons,

avec la promesse qu'Il prend soin de nous, qu'Il rendra nos sentiers droits et nous ne serons pas dans la honte. Dieu promet de veiller sur nos affaires et nous demande d'arrêter de nous inquiéter. Nous n'allons pas manquer, nous n'allons pas finir dans la honte, les choses vont s'arranger.

Que faire ? Dans Matthieu chapitre 6, Jésus parle de l'inquiétude. Il nous explique que les inquiétudes sont inutiles, car elles ne peuvent rien faire pour améliorer votre situation. Ensuite, il livre une clef puissante contre l'inquiétude et pour une vie de sérénité et de victoire absolue. Quelle est cette clef ? Remplacer les inquiétudes par un recentrage sur le royaume de Dieu et sa justice. Le résultat ? Les besoins seront automatiquement pourvus. Ce qui veut dire que non seulement l'inquiétude n'est pas productive, elle est destructrice. Donc, nous concentrer sur Dieu, les pensées, les voies, l'œuvre de Dieu est la clef pour vivre sereinement et obtenir la provision en toutes choses. Or, beaucoup de chrétiens font l'inverse, ils ignorent le royaume de Dieu et sont exclusivement focalisés sur leurs besoins.

Que faire ? Prier. Présenter nos besoins à Dieu avec des requêtes, d'intenses supplications et des Actions de grâce. S'attendre et demander d'être inondé de la paix de Dieu.

Dans Jean 14.27, Jésus dit ceci :

> *« Je vous laisse la paix, je vous donne ma paix. Je ne vous la donne pas comme le monde donne. Que votre cœur ne se trouble pas et ne se laisse pas effrayer. »*

Nous pouvons et devons vivre dans la paix, libérés de toute inquiétude. Décidons de suivre les consignes du Seigneur et nous verrons Sa puissance agir dans nos vies. Il sait ce dont nous avons besoin et Il a des projets de bonheur pour nous.

Questions

1. Quelles sont vos inquiétudes les plus présentes ?
2. Que dit la Parole de Dieu par rapport à ces inquiétudes ?

Prière

- Repentez-vous de l'inquiétude.
- Renoncez à l'inquiétude et à tout trouble intérieur.
- Remerciez Dieu d'avoir pourvu des solutions à l'inquiétude.
- Déchargez sur Lui vos soucis actuels.
- Présentez-Lui vos besoins, priez avec ferveur.
- Déclarez votre confiance en Lui, cédez-Lui votre vie.
- Engagez-vous à chercher en premier le royaume de Dieu et sa justice.
- Recevez Sa paix, demandez qu'Il vous sature de Sa paix.
- Demandez que Sa paix règne dans votre cœur pour

toujours.

Déclarations

Je déclare au nom de Jésus que :

1. Je renonce à l'inquiétude, à l'anxiété et aux angoisses.
2. Je ne serai plus jamais troublé ni effrayé.
3. Je vis dans la sérénité et le repos.
4. J'ai confiance en Dieu, Il veille sur ma vie.
5. Je remets mon sort à Dieu, Il va aplanir les sentiers devant moi. Je crois que Dieu met de l'ordre dans tous les domaines de ma vie.
6. Je cherche en premier le royaume de Dieu et sa justice, je ne suis pas focalisé sur mes besoins.
7. Tous mes besoins sont pourvus automatiquement par mon Père céleste.
8. Je reçois la paix de Dieu qui surpasse tout entendement et qui garde mon cœur et mon âme.
9. Je suis sobre et vigilant et Satan ne pourra plus jamais me dévorer.

25

Je suis béni dans mon Église

Versets

Hébreux 10.25 *N'abandonnons pas notre assemblée, comme certains en ont l'habitude, mais encourageons-nous mutuellement. Faites cela d'autant plus que vous voyez s'approcher le jour.*

1 Corinthiens 12.28 (BDS) *C'est ainsi que Dieu a établi dans l'Église, premièrement des apôtres, deuxièmement des prophètes, troisièmement des enseignants ; puis viennent les dons suivants qu'il a faits à l'Église : les miracles, la guérison de malades, l'aide, la direction d'Église, le parler dans des langues inconnues.*

Éphésiens 4.11-13 *C'est lui qui a donné les uns comme apôtres, les autres comme prophètes, les autres comme évangélistes, les autres comme bergers et enseignants. Il l'a fait pour former les saints aux tâches du service en vue de l'édification du corps de Christ, jusqu'à ce que nous parvenions* tous à l'unité de la foi et de la connaissance du Fils de Dieu, à la maturité de l'adulte, à la mesure de la stature parfaite de Christ.

1 Thessaloniciens 5.11 C'est pourquoi encouragez-vous les uns les autres et édifiez-vous mutuellement, comme vous le faites déjà.

Méditation

Un des signes de notre conversion, selon la Parole de Dieu, c'est le fait que nous aimons les frères et sœurs. Cela a été radicalement vrai pour moi. Avant ma conversion, j'avais beaucoup de préjugés sur les chrétiens et ne souhaitais pas les côtoyer. Après ma conversion, qui s'est faite en privé, pas dans une église, faire partie d'une Église n'était pas, pour moi, désirable.

Je priai avec ferveur dans ma chambre, dévorais la Bible à longueur de journée. Par toute une série de circonstances divinement orchestrées, j'ai fini par intégrer une Église locale et j'ai découvert, à ma grande surprise, que j'aimais les chrétiens. La compagnie d'autres jeunes nés de nouveau était devenue très agréable et je suis devenue une inconditionnelle de l'Église. La Parole de Dieu est claire sur le fait que chaque chrétien doit appartenir à une communauté locale qui se réunit régulièrement pour célébrer Dieu et apprendre Ses voies.

Dieu a ainsi établi des personnes en autorité pour nous conduire. Il a donné des dons spécifiques à des individus chargés de faire participer l'Église et de bâtir et de développer chaque chrétien afin qu'il devienne mature et apte à servir Dieu. Des règles sont établies pour notre conduite les uns avec les autres. En réalité, l'Église locale est un lieu de culte, de formation et de communion fraternelle.

Toutes ces dimensions sont nécessaires pour notre foi et notre avancement spirituel.

J'ai partagé en haut mon expérience de vie d'Église. Chose intéressante, on constate de plus en plus que beaucoup prennent le chemin inverse. Ils commencent leur vie chrétienne en étant très impliqués dans l'Église et ensuite s'éloignent. Beaucoup se contentent de suivre des messages en ligne. Ils ne se rendent pas compte que non seulement ils désobéissent à l'injonction formelle de ne pas cesser de se réunir, mais qu'ils ne progressent pas comme ils devraient. En effet ils se sont soustraits à l'influence des autorités de l'Église locale. Lorsque vous êtes engagé dans une Église locale où Dieu vous a conduit, Il vous entoure de personnes pour qui votre vie a de la valeur et qui vont s'investir dans votre progrès spirituel. Mais il faut choisir de se soumettre aux autorités pour pouvoir recevoir au maximum.

L'Église locale est aussi le lieu de service. Nous sommes sauvés pour servir et nous sommes censés porter des fruits. Beaucoup d'Églises locales ont une majorité de membres qui ne contribuent en rien, ou peu, au travail de l'Église. Ce sont des consommateurs et non des bâtisseurs. Dieu aime Son Église et ceux qui la servent montrent leur amour pour Dieu. Faites de l'œuvre de Dieu au sein de votre Église locale une priorité dans votre vie.

Questions

1. En quoi contribuez-vous à votre Église locale ?
2. Quelle est votre attitude vis-à-vis de l'Église ?

Prière

- Remerciez Dieu pour la grâce de pouvoir avoir une assemblée locale et des responsables spirituels.
- Remerciez Dieu pour la richesse de la communion fraternelle.
- Demandez, si vous ne le savez pas, à quelle communauté vous devez vous joindre.
- Demandez la grâce d'être fidèle dans votre Église locale.
- Demandez que vous puissiez avoir votre part dans tout ce que Dieu fait dans votre Église.
- Demandez que Dieu vous ouvre les yeux pour voir Sa vision pour votre Église locale et être sensible à ce qu'Il fait dans cette Église.
- Priez pour que vous ne passiez pas à côté, que vous puissiez reconnaître la valeur de ce qu'Il a déposé dans cette maison afin de L'honorer et de pouvoir y participer pleinement.
- Pardonnez à tous ceux qui ont pu vous offenser au sein de l'Église. Renoncez à toute forme d'amertume.
- Engagez-vous à marcher dans l'amour vis-à-vis de chacun.
- Engagez-vous à honorer les serviteurs de Dieu qui ont la charge de votre âme et à ne pas leur compliquer le travail.

Déclarations

Je déclare au nom de Jésus que :

1. J'aime mon Église locale, mes responsables et mes frères et sœurs.

2. Je connais et je suis en phase avec la vision que Dieu a donnée à l'Église où Il m'a établi.

3. Je vais avoir ma part de tout ce que Dieu fait dans mon Église.

4. Ce que Dieu va révéler, je vais l'entendre et le comprendre, ce qui sera enseigné, je vais le saisir.

5. Je bénéficie de tous les dons que Dieu a déposés dans mon Église.

6. J'honore mes responsables spirituels et la grâce qui est sur leur vie coule sur moi aussi.

7. Toutes les déclarations prophétiques faites dans mon Église ont un impact favorable sur ma vie.

8. Quand les œuvres des ténèbres sont chassées, elles partent aussi de ma vie. Ce qui sera brisé sera brisé aussi dans ma vie.

9. Aucune situation de ma vie ne va résister à la prière de mon Église.

10. Je suis une bénédiction pour mon Église, je sers activement, j'aime profondément et je reçois pleinement.

26

Je suis une bénédiction pour mon Église

Versets

Romains 12.4-5 En effet, de même que nous avons plusieurs membres dans un seul corps et que tous les membres n'ont pas la même fonction, de même, nous qui sommes plusieurs, nous formons un seul corps en Christ et nous sommes tous membres les uns des autres, chacun pour sa part.

Romains 12.13 Pourvoyez aux besoins des saints et exercez l'hospitalité avec empressement.

Éphésiens 6.18 Faites en tout temps par l'Esprit toutes sortes de prières et de supplications. Veillez à cela avec une entière persévérance et en priant pour tous les saints.

Hébreux 13.16 Et n'oubliez pas de faire le bien et de vous entraider, car c'est à de tels sacrifices que Dieu prend plaisir.

Apocalypse 2.23 Toutes les Églises reconnaîtront que je suis celui qui examine les reins et les cœurs, et je traiterai chacun de vous conformément à ses œuvres.

Apocalypse 3.5-6 Le vainqueur sera habillé de vêtements blancs; je n'effacerai pas son nom du livre de vie et je le reconnaîtrai devant mon Père et devant ses anges. Que celui qui a des oreilles écoute ce que l'Esprit dit aux Églises.

Méditation

C'est intéressant de voir comment, en tant que chrétiens, nous avons reçu le même Sauveur, mais fonctionnons tous de manière si différente et pourtant Jésus nous rassemble et nous demande de fonctionner ensemble. Ce qui veut dire que c'est possible. Mais il y a plus, nous ne sommes pas juste des individus isolés rassemblés, nous formons un seul corps en Christ et nous sommes tous membres les uns des autres. Il y a donc une unité extraordinaire dans le concept même d'Église. Les actions de chacun ont des conséquences importantes sur les autres.

Les lettres que Jésus a écrites aux Églises d'Asie Mineure dans le livre de l'Apocalypse révèlent un certain nombre de choses qui devraient attirer notre attention. Elles révèlent entre autres :
- la grande disparité dans le fonctionnement, la foi et la constitution des Églises,
- l'attention que Jésus porte aux Églises locales, Il dit à chaque fois : « Je connais tes œuvres »
- Son intérêt dans le comportement des individus au sein de l'Église, leur attachement ou non à la bonne doctrine.

Il mentionne certaines personnes et catégories de personnes et réagit vis-à-vis de leur comportement. Il rejette les nicolaïtes et leur doctrine. Il s'insurge contre la place laissée à Jézabel et l'immoralité parmi les serviteurs ; il félicite les autres croyants qui ne se sont pas laissés corrompre. Il reconnaît ceux qui ont été persécutés, mais ont tenu ferme. Il approuve l'Église de Smyrne, Il désapprouve l'Église de Sardes, mais approuve un petit nombre de personnes dans cette Église qui Lui sont restées fidèles et les considère comme dignes de recevoir des vêtements blancs.

Et l'on peut se demander : « Que pense-t-Il de nous aujourd'hui ? » Que pense-t-Il de mon Église locale et de moi, de mon fonctionnement, de mes actes et de mes paroles au sein de l'Église ? Il convient donc, à chacun, de faire le bilan et de prendre les décisions qui s'imposent pour dire que je vais être une bénédiction pour mon Église locale et je vais travailler pour qu'elle soit agréable à Dieu. Nous devons tous nous employer à partager le cœur de Jésus pour l'Église et adopter un comportement qui bénira et ne nuira pas à l'Église. Chacun répondra devant Dieu de ses actes. Saisissons cette occasion pour nous positionner devant Dieu par rapport à Son Église. Notre vie en sera embellie et notre récompense assurée.

Questions

1. Si vous étiez Jésus, qu'est-ce que vous diriez vous concernant par rapport à votre participation dans l'Église ?
2. Qu'est-ce que vous avez l'intention de changer ?

Prière

- Remerciez Dieu pour la grâce de faire partie d'une Église locale.
- Demandez pardon pour toute parole et toute activité qui Lui a déplu de votre part.
- Demandez au Saint-Esprit de vous révéler le travail que vous devez faire pour Dieu au sein de votre Église locale si vous ne le savez pas encore.
- À l'instar de Paul, demandez que le Père vous fortifie et vous équipe pour le faire sans relâche et avec succès.
- Priez pour que Dieu fasse de vous un bâtisseur et non un consommateur.
- Engagez-vous à donner généreusement pour l'avancement de l'œuvre de Dieu au sein de votre Église.
- Demandez à Dieu de multiplier vos ressources afin que vous puissiez donner encore plus pour son œuvre.
- Demandez que Dieu vous ouvre les yeux pour voir la souffrance des frères et sœurs afin de pouvoir répondre à leurs besoins.
- Demandez que par la puissance de Dieu vous puissiez être d'un même cœur, d'une même âme et d'une même pensée avec vos responsables et les autres frères et sœurs.
- Demandez que Dieu fasse de vous un artisan de paix et un dispensateur d'amour au sein de l'Église.

- Engagez-vous à vous tenir à l'écart de toute parole et activité nocive pour l'Église.

Déclarations

Je déclare au nom de Jésus que :

1. Je vis dans l'obéissance envers mon Seigneur.

2. Je ne me laisserai corrompre par personne à l'intérieur ou à l'extérieur de l'Église.

3. Je suis un pilier dans mon Église, un intercesseur pour mon Église.

4. Je suis un bâtisseur et non un consommateur dans mon assemblée. Je participe activement à son accroissement et son essor. Je suis fidèle à mon poste et je sers Dieu sans relâche. Je suis fiable.

5. Je vis dans la pureté, la droiture et la sainteté et je suis un exemple dans mon Église.

6. Mes paroles bénissent et fortifient beaucoup. Je ne participe pas aux calomnies. Je ne participe pas aux divisions, je fais la paix et je dispense l'amour.

7. Je suis béni et je donne généreusement pour l'œuvre de Dieu.

8. Je pourvois aux besoins des saints et j'exerce l'hospitalité avec joie.

9. Je suis passionné de Dieu, zélé pour Sa maison et fervent d'esprit.

10. Rien en moi, aucune parole, pensée ou attitude ne va coopérer avec le diable et ralentir l'œuvre de Dieu.

27

Je suis une lettre de Christ

Versets

Matthieu 5.16 Que, de la même manière, votre lumière brille devant les hommes afin qu'ils voient votre belle manière d'agir et qu'ainsi ils célèbrent la gloire de votre Père céleste.

Philippiens 2.14-16 Faites tout sans murmures ni contestations afin d'être irréprochables et purs, des enfants de Dieu sans défaut au milieu d'une génération perverse et corrompue. C'est comme des flambeaux dans le monde que vous brillez parmi eux en portant la parole de vie.

2 Corinthiens 3.2-3 C'est vous qui êtes notre lettre, écrite dans notre cœur, connue et lue de tous les hommes. Il est clair que vous êtes une lettre de Christ écrite par notre ministère, non avec de l'encre mais avec l'Esprit du Dieu vivant, non sur des tables de pierre mais sur des tables de chair, *sur les cœurs.*

Proverbes 22.6 Éduque l'enfant d'après la voie qu'il doit suivre ! Même quand il sera vieux, il ne s'en écartera pas.

2 Timothée 1.5 Je garde en effet le souvenir de la foi sincère qui est en toi. Elle a d'abord habité ta grand-mère Loïs et ta mère Eunice, et je suis persuadé qu'elle habite aussi en toi.

Ésaïe 54.13 (BDS) Tous tes enfants seront instruits par l'Éternel et la paix de tes fils sera très grande.

2 Timothée 3.14-15 Quant à toi, tiens ferme dans ce que tu as appris et reconnu comme certain, sachant de qui tu l'as appris. Depuis ton enfance, tu connais les saintes Écritures qui peuvent te rendre sage en vue du salut par la foi en Jésus-Christ.

Méditation

Dieu a une façon extraordinaire de montrer sa nature et sa grandeur, par le biais de Son peuple. Abraham a reçu ce témoignage : « Ton Dieu est Dieu. » Nebucadnetsar a reconnu le Dieu de Daniel comme le Dieu Très-Haut, le seul Dieu. La puissance de Dieu était visible à travers un agent humain qui marchait droit. Vous êtes cet agent, en particulier dans votre maison et parmi vos amis proches et vos collègues de travail. Il y a de nombreuses années de cela, j'ai appris à prier, « Seigneur, fais de moi un panneau publicitaire pour Ton immense gloire », que ma vie annonce l'Évangile. Ainsi, la Bible dit que nous sommes une lettre de Christ. Nous sommes vus et lus par les autres.

Ce qu'ils voient et lisent en nous déterminera leur attitude envers Christ. C'est pour cela que Jésus nous a exhortés à laisser briller notre lumière devant les gens et, lorsqu'ils nous voient vivre correctement, ils glorifieront notre Père céleste. En famille, au travail, partout où nous sommes, notre vie doit influencer les gens pour Jésus. Deux femmes, Loïs et Eunice, ont eu une telle influence dans leur famille. Paul, en écrivant à Timothée, celui qui est devenu son fils spirituel, rappelle le souvenir de sa foi sincère, la même que celle de sa mère et de sa grand-mère.

Pas d'hypocrisie

Une foi sincère, c'est une foi sans hypocrisie. Leur foi était réelle, non simulée. Elles croyaient profondément en Christ. En plus de cela, leurs vies reflétaient ce qu'elles disaient croire. Elles n'avaient pas un comportement différent à l'église par rapport à la maison. Beaucoup de parents demandent que l'on s'occupe de leurs enfants à l'église, que le pasteur discute avec eux, les reprennent, mais leur propre comportement n'encourage pas les enfants à suivre Jésus.

Si les enfants savent que la Bible condamne le vol et ils voient les parents se servir au supermarché sans payer, ils risquent de se détourner de la foi. Une fois, je discutais avec des jeunes qui me racontaient comment les membres de leur Église étaient hypocrites, particulièrement leur mère et leur grand-mère. Elles disaient du mal des gens de l'Église à la maison, mais dès qu'elles arrivaient au culte, elles étaient tout sourire et ne tarissaient pas de compliments.

Elles lui ont appris la Parole

Un autre point à noter c'est que ces deux femmes ne se sont pas contentées de vivre leur vie chrétienne dans la droiture, elles ont enseigné la Parole de Dieu à l'enfant dès son jeune âge. Ainsi Paul lui-même affirme que « depuis ton enfance, tu connais les Saintes Écritures qui peuvent te rendre sage en vue du salut par la foi en Jésus-Christ». Elles ont préparé le terrain pour sa conversion en l'instruisant méthodiquement dans la Parole de Dieu, ce qui lui a permis de faire le choix de Jésus. La Parole de Dieu est l'inspiration de notre salut et notre sanctification.

Nous l'utilisons pour façonner la vision du monde de nos enfants, pour bâtir leurs valeurs et pour les reprendre. Nous ne pouvons pas simplement imposer des règles de vie aux enfants, il faut leur apprendre la Parole de Dieu qui a la puissance de changer leurs vies. Avec l'assaut des valeurs perverses dans notre société, il ne suffit pas de dire aux enfants : «Ne fais pas ça, ce n'est pas bon.» Il faut semer en eux la Parole de Dieu. Et, encore une fois, le style de vie des parents, de l'entourage chrétien leur montrera que la Parole est vraie et réaliste. J'ai vu des enfants se plaindre des principes de sainteté que leurs parents voulaient leur inculquer en citant les membres de la famille comme exemple contraire.

Une lettre agréable

La lettre que nous sommes sera lue par tous, époux, épouse, collègue, ami. Ce qui est vrai pour les enfants est vrai pour les époux, convertis et, en particulier, non convertis. La conduite du chrétien est une arme essentielle pour le salut de son époux. Reflétons le caractère de Christ.

Cette promptitude à se bagarrer, insulter le conjoint, exprimer le ressentiment nuit à l'efficacité des prières et à la conversion de la partie non convertie. Colossiens 4.6 nous dit : «Que votre parole soit toujours pleine de grâce et assaisonnée de sel, afin que vous sachiez comment il faut répondre à chacun.» Un mariage de chrétiens instable et troublé ne témoigne pas favorablement de Christ.

Un jour, je discutais avec un homme qui était fonctionnaire de haut niveau dans un service de l'État dans son pays. Je lui annonçais l'Évangile, mais il était sceptique. Il m'a informé que tous ses collègues chrétiens étaient aussi corrompus que lui. Tous acceptaient des pots-de-vin et de surcroît étaient avares, car c'était lui qui venait en aide à leurs secrétaires quand elles avaient des problèmes financiers. Voici un homme qui a vu des contre-exemples, des chrétiens qui n'étaient pas des lettres agréables à lire.

Chacun doit prendre la décision que, avec l'aide de Dieu, il sera un modèle pour son entourage, quelqu'un qui les attire vers Jésus et non l'inverse. On peut dire que, si Timothée a pu accomplir sa destinée en Christ, c'est grâce à ces deux femmes qui ont su l'inspirer et lui servir de modèle. Il ne s'agit pas de paraître, on ne peut pas faire semblant longtemps, surtout avec les proches.

Cherchons la transformation, prenons nos vies spirituelles au sérieux. Les disciplines spirituelles, la Parole, la prière et le jeûne restent indispensables. Lorsque vous vous appliquez à ces choses, le changement sera évident pour tous. Nos enfants doivent voir Dieu à travers nous, expérimenter la réalité de la foi chrétienne et Sa puissance pour vivre une vie de paix, de repos, une vie équilibrée et stable.

Questions

1. Quelles sont les choses spécifiques que vous devez faire pour dynamiser votre vie spirituelle ?

2. Quels sont les traits de caractère que vous voulez développer pour devenir un modèle pour votre famille et votre entourage ?

Prière

- Remerciez le Seigneur d'avoir fait de vous une lettre de Christ.
- Remerciez le Seigneur pour les personnes qu'Il a utilisées pour écrire cette lettre.
- Engagez-vous à vivre d'une manière digne du Seigneur, en cherchant à Lui être agréable en toutes choses.
- Demandez pardon pour ce qui en vous et dans votre fonctionnement n'honore pas le Seigneur et détourne les gens de Lui, y compris vos proches.
- Demandez au Seigneur de vous montrer quel régime spirituel adopter pour votre mise en forme afin que votre progrès soit évident pour tous.
- Demandez un esprit de prière, la capacité de jeûner et un amour pour Sa Parole.
- Demandez à être libéré des travers et des péchés qui vous sont spécifiques. Soyez précis.
- Demandez la rigueur morale nécessaire, que vous ne soyez pas un frein à la conversion de quelqu'un.
- Demandez qu'Il mette une garde sur votre langue si vous avez des difficultés à ce niveau-là.
- Demandez que Dieu vous transforme afin que votre manière d'agir puisse amener la gloire à Dieu.

- Priez pour votre entourage, amis, collègues, époux, épouses, enfants, que Dieu leur ouvre les yeux pour voir la gloire de Christ à travers vous.

Déclarations

Je déclare au nom de Jésus que :

1. Je suis une bénédiction pour ma famille et mon entourage.

2. Ma lumière brille devant mon entourage, ils voient ma belle manière d'agir et glorifient Dieu.

3. Ma maison est remplie de la présence de Dieu et ma famille est un témoignage à la gloire de Dieu.

4. J'élève mes enfants avec sagesse. Mes enfants me disent béni.

5. Je suis un exemple de foi, de droiture et de pureté pour eux. Je leur communique l'amour des choses de Dieu.

6. Mes enfants sont des disciples, et la paix de mes enfants est grande.

7. Ma maison et ma famille sont libres de toute oppression démoniaque. Tout projet satanique contre nous est anéanti.

8. Mon époux, mon épouse, est comblé et mon mariage prospère.

28

Je suis toujours reconnaissant envers Dieu

Versets

1 Timothée 1.12-13 *Je suis reconnaissant envers celui qui m'a fortifié, Jésus-Christ notre Seigneur, car il m'a jugé digne de confiance en m'établissant à son service, moi qui étais auparavant un blasphémateur, un persécuteur, un homme violent. Cependant, il m'a été fait grâce parce que j'agissais par ignorance, dans mon incrédulité.*

Psaumes 100.4-5 *Entrez dans ses portes avec reconnaissance, dans ses parvis avec des chants de louange! Célébrez-le, bénissez son nom, car l'Éternel est bon : sa bonté dure éternellement, et sa fidélité de génération en génération.*

Psaumes 106.1-2 Célébrez l'Éternel, car il est bon ! Oui, sa bonté dure éternellement. Qui pourra dire l'extraordinaire façon d'agir de l'Éternel et proclamer toute sa louange.

Colossiens 3.16-17 Que la parole de Christ habite en vous dans toute sa richesse ! Instruisez-vous et avertissez-vous les uns les autres en toute sagesse par des psaumes, par des hymnes, par des cantiques spirituels, chantez pour le Seigneur de tout votre cœur sous l'inspiration de la grâce. Et quoi que vous fassiez, en parole ou en acte, faites tout au nom du Seigneur Jésus en exprimant par lui votre reconnaissance à Dieu le Père.

1 Thessaloniciens 5.17-18 Priez sans cesse, exprimez votre reconnaissance en toute circonstance, car c'est la volonté de Dieu pour vous en Jésus-Christ.

Éphésiens 5.18-20 Ne vous enivrez pas de vin : cela mène à la débauche. Soyez au contraire remplis de l'Esprit : dites-vous des psaumes, des hymnes et des cantiques spirituels ; chantez et célébrez de tout votre cœur les louanges du Seigneur ; remerciez constamment Dieu le Père pour tout, au nom de notre Seigneur Jésus-Christ.

Méditation

La reconnaissance c'est accepter que l'on ait bénéficié de l'apport de quelqu'un, en être touché et le manifester par un geste. Pourquoi être reconnaissant ?

À cause de ce que Jésus a fait pour nous.

L'apôtre Paul écrit à son fils spirituel Timothée et lui dit ceci : « Je suis toujours reconnaissant », à une période de sa vie où il vivait privé de sa liberté à cause de sa fidélité envers Jésus. Pour lui, ce qu'il avait reçu de Jésus était d'une telle valeur que, même dans sa souffrance, cela restait merveilleux à ses yeux. Jésus l'avait fortifié.

Imaginez dans quel état il devait être à sa conversion, en

prenant conscience du fait qu'il avait tué des innocents, qu'il avait lutté contre Dieu alors qu'il craignait profondément Dieu. Jésus l'a fortifié et il était reconnaissant. Jésus l'a établi dans son service, Il lui a fait confiance. Et Paul en était reconnaissant.

C'est le fruit de la révélation . Lorsque nous ne sommes pas reconnaissants c'est souvent parce que nous ne voyons pas la valeur de ce qui nous a été donné. Nous avons une histoire différente de Paul, mais le même passé d'incrédule, d'ignorant, de blasphémateur, de pécheur éloigné de Dieu. Et Il nous a sauvés. Pourquoi être reconnaissant ? À cause de la valeur de ce que nous avons reçu de Dieu — la vie de Dieu, la rédemption, le sacrifice de Jésus.

Comment faire ? Chercher la révélation de ce que Jésus a fait pour nous dans Son plan de salut et dans l'application de celui-ci à nos vies individuelles.

Psaumes 105.1-2 Louez l'Éternel, faites appel à son nom, faites connaître ses hauts faits parmi les peuples ! Chantez en son honneur, jouez de vos instruments en son honneur, célébrez toutes ses merveilles !

Parce que c'est la volonté de Dieu.

La Parole de Dieu nous exhorte à être reconnaissants en toute circonstance, parce que c'est cela la volonté de Dieu. En d'autres termes, maugréer, rouspéter, se sentir lésé, rester malheureux, abattu, tout cela doit disparaître pour laisser la place à la reconaissance et aux Actions de grâces.

Nous devons ressentir dans nos cœurs la gratitude et l'exprimer par nos lèvres, en étant toujours en train de dire merci à Dieu. C'est ainsi que Dieu veut que nous vivions chaque jour.

Comment faire ? Accepter. Choisir la voie du Seigneur et non ce qui correspond à nos émotions et notre état d'esprit. Car, dans toutes les circonstances, nous sommes appelés à être reconnaissants. C'est d'ailleurs l'exemple que Paul nous donne.

Parce que Dieu le mérite et nous le savons.

Le psaume 126 nous invite à célébrer l'Éternel, car il est bon. Ce n'est pas nous qui sommes les grands adorateurs, c'est Lui qui mérite l'adoration. Quelque chose en Lui appelle à la célébration et à l'admiration. Ici, c'est Sa bonté qui est évoquée. Dans le psaume 100, il est question de reconnaissance, de Le louer, de Le célébrer, de Le bénir pour Sa bonté et Sa fidélité. Elles sont telles que la réaction normale vis-à-vis de Lui est la louange. Merveilleux.

Ce qui veut dire qu'il faut en être conscient, il faut l'apprécier. C'est donc une question de vision. Qu'est-ce que vous voyez en Dieu ? Il convient de demander de pouvoir voir, de chercher dans Sa Parole à Le voir, à voir Ses attributs, Sa bonté, Sa grandeur, Sa splendeur, Sa justice, Son amour. Et plus vous voyez, plus vous serez reconnaissant. Et la gratitude provoque la louange.

Donc, nous sommes appelés à exprimer notre reconnaissance.

- Nous remercions Dieu constamment.
- Nous remercions Dieu pour tout.
- Nous remercions Dieu en toute circonstance.
- Nous chantons en Son honneur.

- Nous disons à d'autres ce qu'Il a fait.

Questions

1. Quelles sont les choses les plus importantes que Dieu a faites pour vous ?
2. Dans quels domaines est-ce que vous avez manqué de reconnaissance ?

Prière

- Remerciez le Seigneur pour tout ce qu'Il est, Ses attributs — Sa bonté, Son amour, Sa bienveillance, Sa miséricorde, Sa puissance, Sa justice, Sa sainteté, Sa sagesse…
- Remerciez le Seigneur pour ce qu'Il a fait pour vous, de vous avoir sauvé, appelé, choisi, pardonné, restauré, fortifié.
- Remerciez-Le d'être intervenu dans votre vie de diverses manières ; remerciez-Le pour des délivrances spécifiques.
- Remerciez le Seigneur de ce qu'Il répond aux prières et à vos prières.
- Remerciez le Seigneur pour les dons qu'Il vous a faits — naturels (famille, amis, emploi, biens, santé), intellectuels, spirituels.
- Remerciez le Seigneur pour tout, particulièrement pour les domaines où vous aviez manqué de reconnaissance.
- Demandez la révélation de Son œuvre extraordinaire

en votre faveur afin que vous deveniez encore plus reconnaissant.

- Demandez d'être saisi par Sa bonté envers vous, de voir et d'être profondément touché par toutes Ses actions en votre faveur au jour le jour.

Déclarations

Je déclare au nom de Jésus que :

1. Je suis reconnaissant envers Dieu de m'avoir appelé, choisi, sauvé et établi. Je n'en étais pas digne, mais Il l'a fait.

2. Je ne vais plus me plaindre ni maugréer. Plus de pitié sur soi ni d'abattement. C'est fini la tristesse et les murmures.

3. Je cesse d'être ingrat et oublieux des bienfaits de Dieu. Je me rappelle constamment nuit et jour ce qu'Il fait pour moi.

4. Je suis une personne reconnaissante en permanence pour la faveur de Dieu dont je bénéficie.

5. Je suis saturé de la conscience de la bonté de Dieu envers moi. Ma vie est un chant de louange. Il m'a comblé en toutes choses.

6. Je ne peux me taire, je remercie Dieu constamment comme le dit la Parole de Dieu. Et ma joie ne cesse de grandir.

7. Je Le remercie partout et pour tout ; pour moi-même

et mes proches. Je Le remercie pour ce que je vois et pour Ses œuvres cachées. Je ne tiens rien pour acquis, mes bénédictions ne sont pas le fruit du hasard, mais la conséquence de Sa bonté.

8. Je célèbre Dieu et je bénis Son nom pour Sa fidélité qui dure de génération en génération. Mes enfants aussi bénéficient de la faveur de Dieu. Il est vraiment trop bon.

9. Je témoigne de Sa bonté et je fais connaître partout Ses œuvres. Tous ceux qui me connaissent m'entendront dire, en tout lieu, la bonté de mon Dieu.

10. Je suis un adorateur, qui honore Dieu jour et nuit.

29

Ma vie de prière est puissante

Versets

1 Thessaloniciens 5.16-18 Soyez toujours joyeux. Priez sans cesse, exprimez votre reconnaissance en toute circonstance, car c'est la volonté de Dieu pour vous en Jésus-Christ.

Jacques 5.13-16 (BDS) L'un de vous passe-t-il par la souffrance ? Qu'il prie. Un autre est-il dans la joie ? Qu'il chante des cantiques. L'un de vous est-il malade ? Qu'il appelle les responsables de l'Église, qui prieront pour lui, après lui avoir fait une onction d'huile au nom du Seigneur. La prière faite avec foi sauvera le malade et le Seigneur le relèvera. S'il a commis quelque péché, il lui sera pardonné. Confessez vos péchés les uns aux autres et priez les uns pour les autres, afin que vous soyez guéris. Quand un juste prie, sa prière a une grande efficacité. Élie était un homme tout à fait semblable à nous. Il pria avec insistance pour qu'il ne pleuve pas et, *pendant trois ans et demi, il ne tomba pas de pluie sur le sol. Puis il pria de nouveau et le ciel redonna la pluie, et la terre produisit ses récoltes.*

1 Jean 5.14-15 Nous avons auprès de lui cette assurance : si nous demandons quelque chose conformément à sa volonté, il nous écoute. Et si nous savons qu'il nous écoute, quelle que soit notre demande, nous savons que nous possédons ce que nous lui avons demandé..

Méditation

La prière à la base c'est tout simplement communiquer avec Dieu. C'est, par cette communication, exprimer notre amour, notre louange, notre admiration ; c'est aussi présenter des requêtes pour l'intervention favorable de Dieu pour changer une situation négative, en notre faveur, en faveur de quelqu'un d'autre ou en faveur d'une cause familiale, publique, etc. La qualité de nos vies et de notre relation avec Dieu est conditionnée par la qualité de nos vies de prière.

Quelques perspectives sur la prière.

1. Prier est une instruction divine. C'est peut-être la raison la plus simple pour développer une vie de prière : l'obéissance. Mais comme nous le savons, l'obéissance envers Dieu est la porte d'entrée aux bienfaits de Dieu. Si nous avons instruction de prier, et c'est le cas, nous pouvons déjà comprendre qu'elle est sûrement bénéfique.

2. La prière est puissante et elle est efficace. Lorsque nous prions, la puissance de Dieu est libérée pour changer les situations que nous voulons voir changer. C'est ainsi que nous apprenons que la prière fervente

du juste est d'une grande efficacité. L'exemple d'Élie est très parlant, il prie et arrête la pluie, il prie de nouveau et la pluie revient. Et nous avons la même capacité de prière que lui.

3. La prière agit pour la manifestation de la volonté de Dieu. Depuis la chute, il y a une discordance entre la volonté de Dieu et la réalité manifestée sur la terre et Dieu agit par la prière des Siens pour aligner les circonstances sur la terre avec Sa volonté. Ainsi, par nos prières, Il manifeste la guérison dans le corps des personnes. Par nos prières, Il agit sur les gouvernements. Par nos prières, Il sauve les perdus et ouvre leurs cœurs pour recevoir l'Évangile. La prière invite la réponse de Dieu pour chaque situation de la vie.

4. La réponse aux prières est garantie. Nous apprenons dans 1 Jean que si nous demandons quelque chose conformément à sa volonté, Il nous écoute et nous pouvons nous attendre à recevoir. En réalité, nous devons avoir l'assurance que nous possédons déjà la chose. C'est ce degré de garantie que Dieu donne. Simplement, qui va oser croire et persévérer dans la prière ?

Questions

1. Quel est l'état de votre vie de prière ?
2. Lequel de ces points cités ci-dessus vous a donné un éclairage nouveau sur la prière ?

Prière

- Remerciez Dieu pour la capacité de prier.
- Remerciez Dieu pour Sa Parole qui nous permet de connaître et de prier Sa volonté.
- Remerciez Dieu pour la garantie de réponse à la prière faite selon Ses conditions.
- Bénissez Dieu pour Son amour et Sa bienveillance qui Le rendent attentif à nos besoins.
- Remerciez Dieu pour la grâce de pouvoir être en intimité avec Lui.
- Remerciez Dieu pour l'action du Saint-Esprit qui vous aide à prier.
- Demandez que Dieu vous donne la soif et le désir aigu pour prier et passer du temps en Sa présence.
- Demandez un esprit d'obéissance afin de pouvoir prier sans cesse selon Ses instructions.
- Demandez à Dieu de vous travailler afin que vous puissiez prier et avoir les mêmes résultats qu'Élie.
- Priez pour des sujets spécifiques qui vous tiennent à cœur — la guérison de quelqu'un, votre Église, votre famille, etc.

Déclarations

Je déclare au nom de Jésus que :

1. Je suis une personne de prière. J'aime prier. Je me lève tôt pour passer du temps avec Dieu, c'est normal

et c'est bénéfique pour moi.

2. Je suis toujours joyeux et je prie sans cesse, avec ferveur, passion et zèle.

3. Je prie en harmonie avec la volonté de Dieu en toute circonstance.

4. Le Saint-Esprit m'aide à prier et je Lui suis entièrement soumis.

5. Quand je prie, je suis convaincu que Dieu écoute et m'exauce.

6. La prière et la présence de Dieu sont mon habitat naturel.

7. J'aime la présence de Dieu et je prends plaisir à Ses voies.

8. Ma prière est puissante et efficace. Ma vie de prière est bouillonnante et active.

9. Je bénis les autres par ma prière. Je prie activement pour l'œuvre de Dieu dans mon Église et ailleurs.

10. Par ma prière, je brise les jougs de l'incrédulité, beaucoup sont sauvés grâce à mes prières.

30

Ma vie de prière est puissante (2)

Versets

1 Thessaloniciens 5.16-18 *Soyez toujours joyeux. Priez sans cesse, exprimez votre reconnaissance en toute circonstance, car c'est la volonté de Dieu pour vous en Jésus-Christ.*

Jacques 4.3 (BDS) *Quand vous demandez, vous ne recevez pas, car vous demandez avec de mauvais motifs : vous voulez que l'objet de vos demandes serve à votre propre plaisir.*

1 Jean 5.14-15 (BDS) *Et voici quelle assurance nous avons devant Dieu : si nous demandons quelque chose qui est conforme à sa volonté, il nous écoute. Et si nous savons qu'il nous écoute, nous savons aussi que l'objet de nos demandes nous est acquis.*

Romains 8.26-27 (BDS) *De même, l'Esprit vient nous aider dans notre faiblesse. En effet, nous ne savons pas prier comme il faut, mais l'Esprit lui-même intercède en gémissant d'une manière inexprimable. Et Dieu qui scrute les cœurs sait ce vers quoi tend l'Esprit, car c'est en accord avec Dieu qu'il intercède pour ceux qui appartiennent à Dieu.*

Méditation

La prière est donc une instruction divine et une instruction ô combien bénéfique pour ceux qui y obéissent. Et nous sommes décidés à nous y engager pleinement.

Quelques perspectives sur la prière (suite)

1. La prière doit être en ligne avec la volonté de Dieu. D'abord, comme vu précédemment, nous devons demander ce que Dieu veut donner. La prière ce n'est pas Le convaincre de faire ce qu'IL ne veut pas, mais Lui demander de faire ce qu'Il a dit vouloir faire. Il convient donc à chaque fois que nous prions de nous demander, pas seulement ce que je veux, mais ce que Dieu a promis de faire dans cette situation.

2. La prière doit être faite dans la foi. Jésus a expliqué à ses disciples, et à nous, que tout ce que nous demandons avec foi nous sera accordé. Lorsque nous demandons, nous sommes censés croire que nous avons reçu. Et c'est ce que nous croyons avoir reçu que nous allons recevoir.

3. La réponse demande de la persévérance. Nous voyons dans la Parole de Dieu que parfois même les choses que Dieu veut faire ne se font pas dans l'immédiat. Après avoir prié, il convient de savoir attendre et manifester de la patience.

4. La prière doit être conduite par le Saint-Esprit. Nous comprenons que nous allons faire face à des situations où notre analyse de la situation ne nous permettra pas de prier efficacement. Et, dans certaines situations, nous allons nous trouver démunis, sans compréhension et sans méthode. Le Saint-Esprit, Lui, nous aide à prier comme nous devrions en toute circonstance.
5. La prière en langues est particulièrement utile. Cela nous permet de couvrir toutes les différentes formes de prière et avoir la certitude que nous prions selon le cœur de Dieu. Donc, faites-en beaucoup. J'encourage souvent les personnes à définir une période, disons une, deux heures, et à prier en langues pendant toute la période. Pourquoi ? Cela nous permet de nous développer et de devenir beaucoup plus à l'aise. Mais aussi, c'est extraordinaire de céder votre langue au Saint-Esprit pendant toute cette période en ne disant que ce que Dieu veut entendre. Vous gagnerez en sensibilité spirituelle et en capacité de prière.

Étant donné donc l'importance et l'utilité de la prière, développer une vie de prière puissante doit devenir un objectif majeur de nos vies.

Questions

1. Lequel de ces points cités ci-dessus vous a donné un éclairage nouveau sur la prière ?
2. Quelle amélioration avez-vous constatée depuis le travail sur le précédent chapitre ?

Prière

- Remerciez Dieu pour la capacité de prier avec foi.
- Remerciez Dieu pour Sa Parole qui bâtit votre foi, pour Ses promesses, pour les témoignages de Sa fidélité et pour la vie de Jésus.
- Remerciez Dieu pour le Saint-Esprit qui nous aide à prier selon le cœur du Père.
- Déclarez votre soumission au Saint-Esprit. Invitez-Le à vous amener plus loin dans la prière.
- Demandez d'être baptisé dans le Saint-Esprit et de pouvoir prier en langues si ce n'est pas encore le cas.
- Demandez une plus grande sensibilité à la direction du Saint-Esprit dans la prière.
- Demandez que Dieu fasse de vous une personne de prière puissante.
- Mettez-vous à la disposition de Dieu pour prier pour tous les sujets qui Lui tiennent à cœur.
- Prenez autorité sur tout esprit qui provoque la lourdeur, la distraction, la paresse etc dans le but de vous empêcher de prier comme vous devriez.
- Demandez que Dieu fasse de vous un intercesseur pour votre Église locale.

Déclarations

Je déclare au nom de Jésus que :

1. Je suis libéré de tout poids et de toute oppression

dans la prière. Je ne suis ni distrait, ni paresseux.

2. Je suis libre de prier selon le cœur de Dieu et je le fais avec joie.

3. Je suis soumis au Saint-Esprit et Il me conduit dans la prière

4. Je prie avec foi et persévérance. Je tiens ferme jusqu'à ce que ma réponse vienne.

5. Je suis sensible à la direction du Saint-Esprit en toutes choses. Il m'aide à prier et je prie beaucoup en esprit et par l'Esprit.

6. Je prie selon le cœur de Dieu en toute circonstance.

7. Je suis un intercesseur pour la cause de Christ dans ma génération.

8. Je suis à la disposition de Dieu pour prier pour toutes les situations selon Son cœur.

9. Je prie en continu pour mon Église ; l'œuvre de Dieu prospère par mes prières.

10. Je reçois la grâce pour rester dans Sa présence.

Épilogue

Nous arrivons à la fin de ces 30 petits chapitres de méditation, prières, questions et déclarations. Vous avez certainement pu constater à quel point nos pensées peuvent diverger par rapport aux pensées de Dieu. Si vous les avez pris un par jour, maintenant vous pouvez revenir sur ceux qui vous ont particulièrement touchés. Dieu nous offre une vie extraordinaire en Christ, riche en bénédictions, en victoire et empreinte de l'autorité de Dieu. I

Il nous a donné un grand travail à faire, celui de faire des nations des disciples et nous ne pourrons le faire que si nous commençons à penser comme Dieu. Les possibilités devant vous en tant que chrétien sont immenses et la puissance de votre Dieu infinie. En pensant et parlant comme Lui, vous avez tout pour vivre une vie qui Lui est agréable et qui vous permet de quitter cette terre heureux d'avoir accompli la volonté de Dieu.

Biographie

BOLA OGEDENGBE est une passionnée de Dieu. Elle est pasteur fondateur de l'Eglise ABBA HOUSE à Paris, en France, et responsable du ministère prophétique La Compagnie Théophile.

Son mandat est de susciter une nouvelle génération de chrétiens en feu pour Dieu et passionnée pour la mission du Christ. Ses deux émissions télévisées en français et en anglais, « Passion pour Dieu » et « Passion for God » respectivement, lui permettent de communiquer les vérités fondamentales de la Parole de Dieu.

Elle parle cinq langues et, en tant qu'interprète de conférence, elle a passé une vingtaine d'années à sillonner le monde. Aujourd'hui, elle se consacre à la diffusion de l'Évangile dans les nations du monde. C'est une blogueuse de longue date et l'auteure de plusieurs livres.

Blog anglais : www.bolaoged.com
Blog français : www.oliviaoged.com
Site du ministère : www.compagnietheophile.org
Site de l'Église : www.abba-house.org

www.ingramcontent.com/pod-product-compliance
Lightning Source LLC
LaVergne TN
LVHW041804060526
838201LV00046B/1125